Camille Paglia

Sexualität und Gewalt
oder:
Natur und Kunst

D1870499

dtv

Die Taschenbibliothek

Aus dem Amerikanischen von
Margit Bergner, Ulrich Enderwitz und Monika Noll

Juni 1996
Deutscher Taschenbuch Verlag GmbH & Co. KG,
München
Entnommen aus: ›Die Masken der Sexualität‹,
München 1992
ISBN 3-423-30454-5
© 1992 Deutscher Taschenbuch Verlag, München
Umschlaggestaltung: Balk & Brumshagen
Umschlagbild: RJ MUNA, San Francisco
Satz: IBV Satz- und Datentechnik, Berlin
Druck und Bindung: C. H. Beck'sche Buchdruckerei,
Nördlingen
Printed in Germany · ISBN 3-423-08333-6

Am Anfang war Natur. Vor ihrem Hintergrund und gegen sie wurden unsere Gottesvorstellungen gebildet, darum bleibt Natur Grenzbegriff in allen Fragen der Moral und der Sittlichkeit. Nur wenn wir unser Verhältnis zur Natur geklärt haben, können wir hoffen, auch ein Verständnis von Sexualität und Geschlecht zu gewinnen. Sexualität ist Teil der Natur, das Naturhafte im Menschen.

Gesellschaft ist ein Gebilde von Menschenhand, ein Bollwerk gegen die Macht der Natur. Ohne Gesellschaft wären wir der Natur ausgesetzt wie Schiffbrüchige dem sturmgepeitschten, erbarmungslosen Ozean. Gesellschaft ist ein System ererbter Formen, die unsere demütigende Ohnmacht gegenüber der Natur abmildern. Wir können diese Formen ändern, aber keine gesellschaftliche Veränderung, gleichgültig, ob allmählich oder jäh bewirkt, wird die Natur ändern. Wir Menschen sind nicht die Lieblingsgeschöpfe der

Natur. Wir sind nur eines unter einer Vielzahl von Lebewesen, über welche die Natur ihre Macht unterschiedslos ausübt. Worauf die Natur hinauswill, können wir höchstens ahnen.

Menschliches Leben begann in Furcht und Schrecken. Religion entwickelte sich aus Sühneritualen, aus Beschwörungen zur Besänftigung der strafenden Elemente. Bis zum heutigen Tag gibt es in Regionen, die von Hitze ausgetrocknet oder in Eis erstarrt sind, nur wenig menschliche Siedlungen. Der zivilisierte Mensch verheimlicht sich gern, wie sehr er der Natur ausgeliefert ist. Die Macht der Kultur, der Trost der Religion: darauf konzentriert er sich, daran glaubt der Mensch. Aber ein Schulterzucken der Natur, und alles liegt in Trümmern. Brände, Überschwemmungen, Gewitter, Unwetter, Wirbelstürme, Vulkanausbrüche, Erdbeben – all das droht jederzeit und überall. Katastrophen treffen unterschiedslos Gute wie Böse. Das zivilisierte Leben bedarf der Illusionen. Der Glaube, daß Natur und Gott im Grunde gut sind, ist einer der wirkungsvollsten Mechanismen, über die der Mensch zum Überleben verfügt. Ohne diesen

Glauben fiele die Kultur wieder der Angst und Verzweiflung anheim.

Sexualität und Erotik sind die heikle Schnittstelle zwischen Natur und Kultur. Die Feministinnen vereinfachen das Problem des Geschlechts auf grobe Weise, wenn sie es auf eine Frage von sozialen Konventionen reduzieren: als erwarteten sie, daß sich nach einer Korrektur gesellschaftlicher Ungerechtigkeiten, einer Beseitigung der Ungleichheit zwischen den Geschlechtern und einer Klärung der Geschlechterrollen allenthalben Glück und Harmonie einstellten. Wie alle freiheitlichen Bewegungen der letzten beiden Jahrhunderte ist auch der Feminismus in diesem Punkt Erbe von Rousseau. *Le Contrat Social* (1762) beginnt mit dem Satz: »Der Mensch ist frei geboren, und überall liegt er in Ketten.« Dadurch, daß er der verderbten Gesellschaft die romantische Vorstellung von einer wohltätigen Natur entgegenstellte, gab Rousseau der Kultur des 19. Jahrhunderts jene fortschrittliche Richtung, für die soziale Reformen das Mittel waren, ein Himmelreich auf Erden zu schaffen. Die Seifenblase solcher Hoffnungen zerplatzte in der Katastrophe zweier

Weltkriege. Aber der Rousseauismus erlebte in der Nachkriegsgeneration der sechziger Jahre eine Wiedergeburt, und dort hat auch der heutige Feminismus seinen Ursprung.

Rousseau lehnt die Erbsünde ab, die pessimistische christliche Vorstellung vom Menschen als einem Wesen, das von der Sünde befleckt, mit einem Hang zum Bösen auf die Welt kommt. Rousseaus Überzeugung, daß der Mensch von Natur aus gut sei, eine Vorstellung, die er von Locke übernahm, führte zur Milieutheorie, die sich in den humanitären Aktivitäten, in der Strafgesetzgebung und in den Verhaltenstherapien der heutigen westlichen Gesellschaften als die herrschende Ethik durchgesetzt hat. Sie geht von der Annahme aus, daß Aggression, Gewalt und Verbrechen Folge sozialer Deklassierung seien – einer schlechten sozialen Umgebung, eines unglücklichen Elternhauses. So macht der Feminismus die Pornographie für Vergewaltigungen verantwortlich und interpretiert im selbstgefälligen Zirkelschluß Ausbrüche von Sadismus als Reaktion auf die feministische Bewegung selbst. Aber Notzucht und Sadismus hat es in der Geschichte und in sämtlichen Kulturen immer wieder gegeben.

Dieses Buch übernimmt die Perspektive von de Sade, dem am wenigsten gelesenen von allen großen Autoren der westlichen Literatur. De Sades Werk ist eine umfassende satirische Kritik an Rousseau und entstand im Jahrzehnt nach dem Scheitern des ersten großen rousseauistischen Experiments, der Französischen Revolution. Sie führte nicht ins politische Paradies, sondern in die Hölle der Schreckensherrschaft. De Sade hält es eher mit Hobbes als mit Locke. Aggression ist naturentsprungen; sie ist das, was Nietzsche den »Willen zur Macht« nennen wird. Für de Sade wäre das »Zurück zur Natur« (die romantische Devise, die unsere Kultur, von der Sexualberatung bis zur Werbung für Getreideprodukte, nach wie vor beherrscht) gleichbedeutend mit einer Entfesselung von Gewalt und Lust. Ich teile diese Ansicht. Gesellschaft ist kein Verbrechen, sondern sie ist die Kraft, die das Verbrechen im Zaum hält. Wenn die gesellschaftlichen Kontrollmechanismen erlahmen, dann bricht sich die angeborene Grausamkeit des Menschen Bahn. Der Vergewaltiger ist nicht Produkt schlechter sozialer Einflüsse, sondern mangelhafter sozialer Konditionierung. Die Feministinnen, die sich bemühen, der Sexualität Gewaltverhältnisse auszutreiben, wenden sich gegen die Natur. Sexualität *ist* Macht. Identität ist Macht. In der westlichen Kultur gibt es keine Beziehungen ohne Ausbeutung. Jeder hat getötet, um zu leben. Schöpfen durch Zerstören – dies bestimmt als universales Naturgesetz den Geist und die Materie. Wie Freud als Erbe Nietzsches versichert, ist Identität gleichbedeutend mit Konflikt. Jede Generation pflügt die Gräber früherer Generationen um.

Die libertären Bewegungen der Moderne kranken an unaufgelösten inneren Widersprüchen. Sie preisen Individualismus und Freiheit, und die radikalen Strömungen verdammen gesellschaftliche Ordnung als repressiv. Andererseits wird vom Staat erwartet, daß dieser für die materielle Wohlfahrt aller Sorge trage, was sich wiederum nur durch eine Erweiterung staatlicher Macht und eine Aufblähung des bürokratischen Apparats realisieren läßt. Solche Liberalität brandmarkt mithin den Staat als tyrannischen Vater, verlangt aber von ihm, daß er sich wie eine sorgende Mutter betrage. Der Feminismus hat diese Widersprüche geerbt. Er betrachtet jede hierarchische Ordnung als repressiv, als gesellschaftliche Erfindung; jedes negative Urteil über die Frauen gilt als Lüge der Männer, ersonnen, um die Frauen kleinzuhalten. Der Feminismus ist über seine eigentliche Aufgabe, nach politischer Gleichberechtigung für die Frauen zu streben, hinausgegangen und hat sich verrannt in die Leugnung der Kontingenz des Lebens, der Abhängigkeit der Menschen von der schicksalhaften Macht der Natur.

Sexuelle Freiheit, Befreiung der Sexualität: das sind moderne Illusionen. Wir sind hierarchiebewußte Tiere. Wird eine Rangordnung weggefegt, tritt sogleich eine andere an ihre Stelle, die vielleicht sogar rigider ist als die erste. Es gibt Rangordnungen in der Natur und abgewandelte Rangordnungen in der Gesellschaft. In der Natur herrscht rohe Gewalt als Gesetz – der Stärkste überlebt. In der Gesellschaft gibt es Schutzvorkehrungen für die Schwachen. Gesellschaft ist, wie schon gesagt, unser fragiles Bollwerk gegen die Natur. Wenn die Achtung vor Staat und Religion gering ist, sind die Menschen frei, empfinden diese Freiheit aber als unerträglich und streben nach neuer Knechtschaft, indem sie sich in Drogenabhängigkeit begeben oder in Depressionen verfallen. Wo immer sexuelle Freiheit erstrebt beziehungsweise erreicht wird, läßt, das ist meine These, auch der Sadomasochismus nicht lange auf sich warten. Romantische Sehnsucht geht stets in Dekadenz über. Die Natur ist ein strenger Lehrmeister. Sie ist die Schmiede, auf deren Amboß der Individualismus zertrümmert wird. Vollkommene Freiheit wäre gleichbedeutend mit dem Untergang durch Feuer, Wasser, Luft und Erde.

Sexualität ist eine weit dunklere Macht, als der Feminismus zugeben möchte. Die Verhaltens- und Sexualtherapien huldigen dem Glauben an die Möglichkeit einer schuldlosen, makellosen Sexualität. Aber Sexualität war stets und in allen Kulturen von Tabus umgeben. Die Sexualität ist der Berührungspunkt zwischen Mensch und Natur, an der Moral und guter Wille primitiven Zwängen erliegen. Ich habe von einer Schnittstelle gesprochen, von den unheimlichen Kreuzwegen der Hekate, auf denen alle Dinge in die Nacht zurücktauchen. Die Erotik ist ein von Gespenstern bevölkerter Bereich. Sie ist das Niemandsland, verflucht und verzaubert zugleich.

Dieses Buch zeigt, wieviel in der Kultur unseren guten Absichten zuwiderläuft. Die Vereinigung von Körper und Geist ist für die Menschen ein Grundproblem, das durch Entspannungs-Sex oder durch mehr bürgerliche Rechte für die Frau schwerlich gelöst werden wird. Körperhaftigkeit, das Gebundensein des Geistes an Materie gilt als anstößige Vorstellung. Ebenso skandalös ist die Geschlechtlichkeit, die wir uns nicht ausgesucht, sondern die uns die Natur aufgezwungen hat. Unsere physische Natur ist eine Folter, unser Körper ist der Baum der Natur, an dem Blake uns gekreuzigt sieht.

Sexualität ist etwas Dämonisches. Dieses Wort, das sich in Arbeiten über die Romantik aus den letzten fünfundzwanzig Jahren häufig findet, stammt vom griechischen *daimon* ab, womit Geister bezeichnet werden, die in der Hierarchie unter den olympischen Gottheiten stehen; der geächtete Ödipus wird in Kolonos zum »Daimon« (weshalb ich lieber »daimonisch« sagen würde).

Das Wort wurde dann als Bezeichnung für den Schutzgeist des Menschen verwendet. Erst das Christentum ließ aus dem »Daimon« den Dämon (den Teufel) werden. Die griechischen »Daimones« waren nicht böse – genauer: sie waren gut und böse zugleich, wie die Natur, in der sie lebten. Freuds Unbewußtes ist ein »daimonischer« Bereich. Tagsüber sind wir gesellschaftliche Wesen, aber nachts steigen wir in die Traumwelt hinab, in der die Natur regiert, und das heißt: Sexualität, Grausamkeit, Wandel der Gestalten. Die dämonische Nacht dringt auch in den Tag selbst ein. Jeden Augenblick flackert die Nacht in unserer Phantasie, in unseren erotischen Regungen auf, unterminiert sie unser Streben nach Moralität und Ordnung und verleiht Gegenständen und Personen jene Aura von Unheimlichkeit, die uns durch die Künstler entdeckt wird.

Den gespenstisch-besessenen Zug der Sexualität zeigt Freuds großartiges Konzept des »Familienromans«. Jeder von uns ist umgeben von einer inzestuösen Konstellation sexueller Rollenbilder, die uns von der Kindheit bis ins Grab begleiten und die festlegen, wen und wie wir lieben oder hassen. Jede Begegnung, ob freundschaftlich oder feindselig, jede Auflehnung gegen Autoritäten, jede Unterwerfung trägt die unausrottbaren Spuren unseres Familienromans. Die Liebe vollzieht sich auf einer vollbesetzten Bühne, denn wir können, wie Harold Bloom feststellt, »ob in geschlechtlicher oder freundschaftlicher Liebe, niemals nur eine einzige Person umarmen, sondern wir umarmen sämtliche Figuren aus unserem Familienroman«.[1] Über den geheimnisvollen Vorgang der libidinösen Besetzung bestimmter Objekte oder Personen wissen wir nach wie vor so gut wie nichts. Der Einfluß des freien Willens auf Sexualität und Gefühlsleben wiegt nicht schwer. Wie die Dichter wissen, ist Liebe etwas Irrationales.

Wie die Kunst ist auch Sexualität symbolbeladen. Der Familienroman zeigt, daß Geschlecht und sexuelles Verhalten von Erwachsenen immer an Vorstellungen gebunden sind: durch vergangene Realitäten rituell festgelegt. Menschlich freie Erotik kann es wahrscheinlich nicht geben. In jeder Familie finden wir Feindseligkeit und Aggression, Todeswünsche aus dem Unbewußten. Kinder mit ihrem ungezügelten Egoismus und ihrer Willenskraft können wahre Monster sein; sie sind Wesen der Natur, von provozierender Gleichgültigkeit gegen Sitte und Moral. Wir tragen diesen dämonischen Willen auf ewig in uns. Die meisten Menschen verstecken ihn unter erworbenen ethischen Verhaltensformen und begegnen ihm nur in ihren Träumen, die sie beim Aufwachen rasch vergessen. Der Wille zur Macht ist angeboren; die sexuellen Rollen im Familienroman aber sind erworben. Die Menschen sind die einzigen Wesen, bei denen Bewußtsein und tierischer Instinkt derart miteinander verwoben sind. In der Kultur des Westens kann es ein rein körperliches, angstfreies sexuelles Verhältnis nicht geben. Jeder erotische Reiz, jede Form der Berührung, jeder Orgasmus ist geprägt durch Schattenbilder der Psyche.

Das Streben nach sexueller Befreiung ist zum Scheitern verurteilt. Alles Sexuelle wird beherrscht von Trieb und archaischem Zwang. Die Masken des Sexuellen im Familienroman werden durch den Gezeitenstrom der Regression, die Rückkehr in den ursprünglichen Auflösungszustand, den Ferenczi mit dem Ozean identifiziert, ausgelöscht. Ein Orgasmus ist Überwältigung,

Selbstaufgabe oder Durchbruch. Die Natur hat keinen Respekt vor der menschlichen Identität. Deshalb wenden sich so viele Männer nach dem Geschlechtsverkehr ab oder ergreifen die Flucht: Sie haben die vernichtende Kraft des Dämonischen gespürt. Die Liebe westlichen Stils ist eine Überlagerung kosmischer Realitäten. Sie ist ein Abwehrmechanismus, eine Rationalisierung ungebändigter und nicht zu bändigender Kräfte. Wie die frühen Religionen dient sie der Bewältigung unserer Urangst.

Sexualität kann man nicht verstehen, denn Natur kann man nicht verstehen. Wissenschaft ist eine Methode zur logischen Analyse von Naturvorgängen. Sie vermindert die menschliche Angst vor dem Kosmos dadurch, daß sie die Bedeutung der Naturkräfte und häufig auch ihre Vorhersagbarkeit demonstriert. Aber die Wissenschaft spielt immer nur Fangeball. Die Natur bricht ihre eigenen Regeln, wann es ihr paßt. Wissenschaft kann keinen einzigen Blitzschlag verhindern. Die westliche Wissenschaft ist ein Produkt des apollinischen Geistes: durch Benennung und Klassifizierung, durch das kalte Licht des Intellekts hofft sie, die archaische Nacht zurückzudrängen und zu überwinden.

Name und Individualität: Die Person ist Ausdruck des westlichen Strebens nach Form. Der Westen pocht auf die abgegrenzte Identität der Dinge. Benennen ist Kennen; Kennen ist Beherrschen. Ich werde zeigen, daß die Größe des Westens Folge einer Selbsttäuschung, einer falschen Gewißheit ist. Die Kulturen des Fernen Ostens haben nie auf diese Weise wider den Stachel der Natur gelöckt. Fügsamkeit, nicht Aufbegehren ist ihre Devise. Die buddhistische Meditation strebt nach Einheit und Einklang mit der Wirklichkeit. Die Physik des 20. Jahrhunderts macht eine Kehrtwendung zurück zu Heraklit und erklärt, alle Materie sei Bewegung. Es gibt, mit anderen Worten, keine Dinge, es gibt nur Energie. Doch hat diese Vorstellung unser Vorstellungsvermögen noch nicht durchdrungen, denn sie widerspricht allen intellektuellen und moralischen Grundüberzeugungen des westlichen Denkens.

Der Mensch des Westens erkennt, was er sieht. Wahrnehmbare Relationen stehen im Zentrum unserer Kultur; sie haben unsere titanischen Beiträge zur Kunst hervorgebracht. Wenn wir uns in der Natur bewegen, sind wir mit Sehen, Identifizieren, Benennen, *Wiedererkennen* beschäftigt. Dieses Wiedererkennen ist unser Apotropaion, unser Abwehrzauber gegen die Angst. Wiedererkennen ist rituelles Erkennen, ein Wiederholungszwang. Wir sagen, die Natur sei schön. Aber auch dieses ästhetische Urteil, das keineswegs alle Völker geteilt haben, ist nur eine weitere Reaktionsbildung, jämmerlich ungeeignet, die Ganzheit der Natur zu erfassen. Das Schöne an der Natur ist auf die hauchdünne Oberfläche des Planeten beschränkt, auf dem wir hausen. Kratzen wir an der Oberfläche, bricht die dämonische Häßlichkeit der Natur hervor.

Unsere Konzentration auf das Schöne ist eine apollinische Strategie. Die Blätter und Blumen, die Hügellandschaften sind ein buntes Muster, das uns dazu dient, das Vertraute zu kartographieren. Was der Westen in seinem Bild von der Natur verdrängt, ist das Chthonische, das »zur Erde Gehörige«, womit deren Leib, nicht die Oberfläche gemeint ist. Jane Harrison verwendet diesen Begriff zur Bezeichnung der vorolympischen griechischen Religion; ich gebrauche ihn anstelle des Begriffs »dionysisch«, der durch banale Spielereien entwertet wurde. Das Dionysische ist kein Frühstück im Freien; es geht vielmehr um die chthonischen Realitäten, denen Apollon ausweicht: das blinde Mahlen der unterirdischen Gewalten, den endlosen, langsamen Sog, Schlamm und Morast. Es ist die unmenschliche Grausamkeit der Biologie und Geologie, die darwinistische Verschwendung und Blutrünstigkeit, der Schmutz und die Fäulnis, vor der wir unser Bewußtsein verschließen müssen, um unsere apollinische Integrität als individuelle Person behaupten zu können. Die Wissenschaft und die Ästhetik des Westens sind Versuche, den chthonischen Schrecken in Formen zu bringen, in denen er unserem Vorstellungsvermögen eher zuträglich ist.

Die Dämonie der chthonischen Natur ist das schmutzige Geheimnis der westlichen Kultur. Die modernen Humanisten haben den »Sinn für die Tragik des Lebens« zum Prüfstein geistiger Reife erklärt. Ihnen zufolge sind Sterblichkeit des Menschen und Vergänglichkeit der Zeit die eigentlichen Themen der Literatur. Auch darin sehe ich

Ausflucht und bloße Gefühlsduselei. Der Sinn für die Tragik des Lebens ist eine von Voreingenommenheit geprägte Reaktion auf Erfahrung: Niederschlag der irrigen Auffassung von Natur und des westlichen Widerstands gegen Natur, beides noch verstärkt durch libertäre Irrlehren, die in ihren romantischen Vorstellungen von Natur eher dem Rousseauschüler Wordsworth als dem dämonischen Coleridge folgen.

Die Tragödie ist die westlichste aller Literaturgattungen. In Japan trat sie erst Ende des 19. Jahrhunderts in Erscheinung. Der westliche Wille, der sich gegen die Natur setzt, dramatisierte seinen eigenen unvermeidlichen Sturz als allgemeinmenschliches Ereignis – das aber ist er gerade nicht. Eine Ironie der Literaturgeschichte ist die Geburt der Tragödie aus dem Dionysos-Kult. Der Tod des Protagonisten beschwört die Erinnerung an tierische Schlachtopfer und, früher noch, Menschenopfer im archaischen Ritual. Es ist kein Zufall, daß die Tragödie, wie wir sie kennen, aus dem apollinischen 5. Jahrhundert, der Blütezeit Athens, stammt und daß das Hauptwerk dieser Zeit, die *Orestie* von Aischylos, den Triumph über die chthonische Macht verherrlicht. Das Drama, selber eine dionysische Form, kehrte sich gegen Dionysos, indem es den Übergang vom Ritual zur Mimesis, von der Handlung zur Darstellung vollzog. Aristoteles' »Mitgefühl und Furcht« ist ein gebrochenes Versprechen, Plädoyer für eine Vision ohne Schrecken.

Wenige griechische Tragödien entsprechen wirklich dem humanistischen Bild von ihnen. Barbarische Reste haften ihnen an wie Pech. Noch das 5. Jahrhundert erlebte mit den dekadenten Stükken des Euripides eine satirische Gegenbewegung gegen das apollinisierte Theater. Eine sachgerechte Beurteilung der griechischen Tragödie macht nicht nur deshalb Schwierigkeiten, weil drei Viertel der ursprünglichen Stücke verlorengegangen sind, sondern auch, weil kein einziges vollständiges Satyrspiel überlebt hat. Mit einem Satyrspiel, einer obszön komischen Burleske, schloß die klassische Trilogie: die Komödie hatte stets das letzte Wort. Die moderne Literaturwissenschaft hat der heidnischen Kultur einen getragenen Ernst unterstellt, der eine viktorianische und, wie ich meine, protestantische Projektion ist, unter deren

Bann die Geisteswissenschaften nach wie vor stehen. Paradoxerweise hat die Anerkennung der barbarischen, chthonischen Realitäten nicht Trübsal, sondern Humor zur Folge. Daher de Sades befremdliches Gelächter, sein sprühender Witz angesichts ausgesuchtester Greueltaten. Das Leben ist keine Tragödie, es ist eine Komödie. Sie entwickelt sich aus dem Zusammenprall von Apoll und Dionysos. Die Natur entzieht unseren bombastischen Idealen stets den Halt.

Tragische Heldinnen gibt es nur wenige. Die Tragödie ist ein Paradigma für Aufstieg und Sturz des Mannes; sie zeichnet eine Kurve, die eine heimliche Entsprechung zwischen dramatischem Höhepunkt und sexuellem Orgasmus herstellt. Orgasmus ist auch eine der Erfindungen des Westens. Die Geschichten des Ostens sind traditionell horizontale Ereignisfolgen nach Art des Schelmenromans. Die Spannung ist gering, und es gibt wenig Orientierung auf ein Ende hin.

Die schroffe, vertikale Zuspitzung der westlichen Erzählung wie auch später der orchestralen Musik des Westens führt beispielhaft Sophokles' *König Ödipus* vor, dessen Augenblick höchster

Spannung Aristoteles als *peripeteia,* als Umkehrung oder Umschlag bezeichnet. Auf den dramatischen Höhepunkt der westlichen Dramaturgie treibt als *agon* der männliche Wille zu: durch die Tat zur Identität. Tat ist die Flucht weg von der Natur, aber alle Tat führt im Kreis an den Ursprung zurück, in Schoß und Grab der Natur. Ödipus, der seiner Mutter zu entrinnen sucht, stürzt schnurstracks in ihre Arme. Westliche Erzählungen sind Kriminalgeschichten, Prozesse der Enthüllung. Aber weil das detektivisch Aufgedeckte unerträglich ist, endet jede Enthüllung in neuerlicher Verdrängung.

Die wichtigsten tragischen Heldinnen – Medea und Phädra bei Euripides, Kleopatra und Lady Macbeth bei Shakespeare, Racines Phädra – verkehren das tragische Genre durch ihr zerstörerisches Verhältnis zur männlichen Tat. Die tragische Frau ist nicht moralisch wie der Mann: Ihr Wille zur Macht ist unverhüllt. Ihre Taten sind von chthonischer Düsterkeit überschattet. Sie brechen dem Irrationalen Bahn und öffnen das Genre den Einbrüchen jener barbarischen Macht, die das Drama zunächst verbannen sollte. Die Tragödie ist ein westliches Mittel zur Erprobung und Läuterung männlichen Willens. An der Schwierigkeit, weibliche Protagonisten in die Tragödie einzuführen, ist nicht männliche Borniertheit, sondern sind instinktive sexuelle Verhaltensunterschiede schuld. Die Frau führt in die Tragödie ein Moment von urwüchsiger Grausamkeit ein – Ausdruck des Umstands, daß sie selber das Problem ist, um dessen Beseitigung das tragische Genre sich bemüht.

Die Tragödie spielt ein männliches Spiel; ein Spiel, bei dem es darum geht, Niederlage in Sieg umzumünzen. Nicht verfehlte Entscheidungen oder verfehlte Taten, auch nicht der Tod selbst sind das eigentliche Dilemma des Menschen. Der schlimmste Feind seiner Hoffnung und Träume ist vielmehr der schmutzige, vom Leben diktierte Alltag, das, was Tag für Tag und Stunde um Stunde in uns und außer uns geschieht. Das Bewußtsein ist ein armseliger Gefangener seiner fleischlichen Hülle, deren Aufschwüngen, Kreisläufen und leisem Rauschen es weder Einhalt gebieten noch das Tempo vorschreiben kann. Dies ist das chthonische Drama, das keinen Höhepunkt kennt, nur den endlosen Kreislauf, ewige Wiederkehr. Der Mikrokosmos ist ein Spiegel des Makrokosmos. Der freie Wille findet in den lebenden Zellen unseres Körpers seinen Tod; Natur kennt keine Willensfreiheit. Unsere Wahlmöglichkeiten erhalten wir von fremder Hand fertig verpackt zugestellt.

Die Ungastlichkeit, mit der die Tragödie der Frau begegnet, folgt aus der Ungastlichkeit, mit der die Natur den Mann empfängt. Die Identifizierung der Frau mit der Natur war in der Vorgeschichte universell. In Jäger- oder Ackerbaugesellschaften, die abhängig waren von der Natur, ehrte man das Weibliche als immanentes Prinzip der Fruchtbarkeit. Mit fortschreitender Kultur sorgten Handwerk und Handel für eine Vervielfältigung von Subsistenzmitteln, die den Menschen von den Launen des Klimas oder von geographischen Nachteilen unabhängig werden ließen. Zusammen mit der Natur verlor das Weibliche an Bedeutung.

Die buddhistischen Kulturen ließen die alte Bedeutung des Weiblichen noch bestehen, als sie im Westen schon lange verloren war. Männlich und Weiblich, *yang* und *yin* bei den Chinesen, sind

Kräfte in Mensch und Natur, die einander die Waage halten und sich gegenseitig durchdringen, Kräfte, denen das Gesellschaftliche untergeordnet bleibt. Dieser Code passiver Unterwerfung hat seinen Ursprung in Indien, einem Land der jähen Umschwünge, wo ein Monsun über Nacht 50000 Menschen von der Erde tilgen kann. Das Weibliche der Fruchtbarkeitsreligionen hat immer zwei Gesichter. Die indische Naturgöttin Kali ist Schöpferin *und* Zerstörerin: mit dem einen Teil ihrer Arme spendet sie Segen, während sie mit dem anderen Kehlen durchschneidet. Sie ist die schädelbehangene Herrscherin. Die moralische Zweideutigkeit der großen Muttergottheiten ist von den amerikanischen Feministinnen, die sie wieder inthronisiert haben, geflissentlich übersehen worden. Wer der Natur ins blanke Messer greift, wird sein eigenes Blut vergießen.

Die Kultur des Westens hat von Anfang an das Weibliche ausgespart. Die letzte westliche Gesellschaft von historischer Bedeutung, die weibliche Kräfte kultisch verehrt hat, war die minoische auf Kreta. Bezeichnenderweise ging sie unter und ist nie wieder erstanden. Der unmittelbare Grund für ihren Zusammenbruch – ob Erdbeben, Seuche oder Invasion – ist gleichgültig. Am Schicksal der minoischen Gesellschaft müssen wir vor allem erkennen, daß die kultische Verehrung des Weiblichen keine kulturelle Stärke oder Überlebensfähigkeit garantiert. Überlebt hat dagegen die mykenische Kriegerkultur, von der Homer uns Nachricht gibt; sie hat sich als Herr der Lage erwiesen und Europa den Stempel ihrer Geistesverfassung aufgedrückt. Der männliche Wille zur Macht: Mykener aus dem Süden und Dorer aus dem Norden verbanden sich miteinander und schufen das apollinische Athen, von wo der griechisch-römische Entwicklungsstrang der westlichen Geschichte seinen Ausgang nahm.

Apollinische und jüdisch-christliche Traditionen sind gleichermaßen bestimmt durch Transzendenz: Sie wollen Natur überwinden. Ungeachtet des dionysischen Gegenmoments in der griechischen Kultur, über das noch zu reden sein wird, war die griechische Hochklassik eine apollinische Leistung. Der Judaismus, der Glaube, dem das Christentum entsprang, ist die machtvollste aller Protestbewegungen gegen die Natur. Das

Alte Testament behauptet, ein Vatergott habe die Natur geschaffen, und der Scheidung der Dinge und Geschlechter liege sein männliches Wesen voraus. Wie der griechische Kult der olympischen Götter sind auch die jüdische und christliche Religion Himmelskulte. Sie stellen ein fortgeschrittenes Stadium in der Geschichte der Religionen dar, die überall als Erdkult, als Verehrung der fruchttragenden Natur begann.

Die Entwicklung vom Erdkult zum Himmelskult versetzt die Frau in die niederen Regionen. Ihre geheimnisvollen Fortpflanzungskräfte und die Ähnlichkeit der Rundungen ihrer Brüste, ihres Bauchs und ihrer Hüften mit denen der Erde rükken sie früh ins Zentrum religiöser Symbolik. Sie stand Modell für die Gestalten der Großen Mutter, die weltweit die Geburt der Religion vorantrieben. Aber die Mutterkulte brachten den Frauen keine gesellschaftlichen Freiheiten. Kultobjekte sind vielmehr, ich werde das später am Beispiel des Phänomens Hollywood zeigen, Gefangene ihrer eigenen symbolischen Erhöhung. Jedes Totem lebt im Tabu.

Zum Idol wurde die Frau durch die Geheimnisse ihres Leibes. Sie schien aus eigener Kraft und eigenem Gesetz anzuschwellen und zu gebären. Von Anbeginn an erschien die Frau als unheimliches Wesen. Der Mann ehrte, der Mann fürchtete sie. Sie war der schwarze Schlund, der ihn ausgespien hatte und ihn wieder verschlingen würde. Die Männer schufen ihre Bünde und erfanden die Kultur als ein Mittel der Verteidigung gegen die weibliche Natur. Der raffinierteste Schritt in diesem Prozeß war der Übergang zum Himmelskult, weil die mit ihm vollzogene Verlegung des schöpferischen Orts von der Erde zum Himmel gleichbedeutend ist mit einem Wechsel von der Magie des Leibes zur Magie des Kopfes. Und dieser als Abwehrmittel konzipierten Magie des Kopfes entstammen Glanz und Glorie der männlichen Zivilisation, zu der auch die Verklärung der Frau gehört. Selbst die Sprache und Logik, mit denen Frauen heute die patriarchalische Kultur attackieren, sind Erfindungen der Männer.

Darum sind die Geschlechter verstrickt in eine Komödie wechselseitiger historischer Dankesschuld. Der Mann, abgestoßen von seinem Schuldnerverhältnis gegenüber einer leiblichen

Mutter, hat sich eine alternative Realität geschaffen, einen Heterokosmos, der ihm die Illusion der Freiheit schenkt. Die Frau, die zuerst damit zufrieden war, sich vom Mann beschützen zu lassen, in der inzwischen aber das Verlangen nach einer eigenen illusorischen Freiheit entbrannt ist, bricht ein in die Systeme des Mannes und eignet sie sich an, ohne von einer Dankesschuld etwas wissen zu wollen. Mittels Magie des Kopfes leugnet sie, daß es überhaupt so etwas gibt wie ein Problem der Sexualität und der Natur. Übernommen hat sie die Angst, abhängig zu sein.

Die Gleichsetzung von Frau und Natur ist der heikelste und anfechtbarste Punkt in dieser historischen Gedankenkette. War diese Gleichsetzung je zulässig? Ist sie es heute noch? Die meisten feministischen Leserinnen werden sich dagegen verwahren. Ich denke jedoch, sie ist kein Mythos, sondern entspricht der Wirklichkeit. Philosophie, Wissenschaft, Kunst, Sport und Politik – all diese Disziplinen wurden von Männern erfunden. Nach dem prometheischen Gesetz des Streites und Raubes hat indes die Frau das Recht, sich das zu nehmen, wonach sie verlangt, und mit dem Mann auf dessen eigenem Terrain zu konkurrieren. Und doch sind ihrer eigenen Veränderbarkeit und den Veränderungen im Verhältnis des Mannes zu ihr Grenzen gesetzt. Alle Menschen liegen im Kampf mit der Natur. Dennoch lastet Natur schwerer auf dem einen Geschlecht als auf dem anderen. Wenn sie Glück hat, wird dies die Leistungen der Frau, ihre Aktivitäten in der von Männern geschaffenen Sphäre der Gesellschaft nicht beeinträchtigen. Aber es wird ihre Erotik beeinträchtigen, das heißt unser imaginäres Leben in der Sphäre des Sexuellen, die mit der gesellschaftlichen Sphäre zwar überlappen kann, nicht aber deckungsgleich ist.

Die Zyklen der Natur sind die Zyklen der Frau. Das Leben der Frau ist eine Abfolge von wiederkehrenden Kreisläufen, deren Anfang und Ende zusammenfallen. Die Zentriertheit der Frau verleiht ihrem Selbstsein Stabilität. Die Frau muß nicht werden, sie braucht nur zu sein. Ihre Zentriertheit ist ein wesentlicher Stein des Anstoßes für den Mann, dessen Streben nach Identität sie durchkreuzt. Er muß sich in ein eigenständiges Wesen verwandeln, muß frei von ihr werden. Tut er das nicht, fällt er einfach in sie zurück. Die Wie-

dervereinigung mit der Mutter ist ein Sirenengesang, der unsere Phantasie heimsucht. Einst waren wir selig, jetzt herrscht Lebensnot. Vage Erinnerungen an das Leben vor der traumatischen Trennung durch den Geburtsakt liegen vielleicht unseren arkadischen Phantasien vom verlorenen Goldenen Zeitalter zugrunde. Die westliche Vorstellung von der Geschichte als einer in die Zukunft gerichteten Bewegung, einem vom Fortschrittsgedanken oder von der Vorsehung bestimmten Projekt, das in der Offenbarung einer Auferstehung gipfelt, ist ein männliches Konzept. Keine Frau, behaupte ich, könnte solch einen Gedanken ausbrüten, der sich einer Strategie verdankt, deren Ziel die Flucht vor der zyklischen Natur der Frau selbst ist, in der sich der Mann zu verfangen fürchtet. Entwicklungs- oder Endzeitgeschichte entspricht männlichem Wunschdenken, ist eine Geschichte mit einem als phallischer Höhepunkt imaginierten Happy-End.

Die Frau träumt nicht davon, dem Naturzyklus in die Transzendenz oder in die Geschichte zu entrinnen, da sie selbst dieser Zyklus *ist.* Die Reife ihrer Sexualität bedeutet eine innige Verbindung zum Mond, unterwirft sie dem Rhythmus der lunaren Phasen. Mond, Monat, Menstruation: ein Wort, eine Welt. Die Alten wußten, daß die Frau dem Naturkalender gehorcht, eine Berufung, der sie sich nicht zu entziehen vermag. Das griechische Verlaufsschema vom freien Willen über die Hybris zum tragischen Ende ist Drama des Mannes; die Frau ist nie (oder erst in jüngster Zeit) vom Trugbild der Willensfreiheit verführt worden. Sie weiß, daß es keine Willensfreiheit gibt, weil sie nicht frei ist. Ihr bleibt nur, sich zu fügen. Ob sie Mutter werden will oder nicht, die Natur zwingt sie unter das Joch des unerbittlichen, unwandelbaren Rhythmus der Fortpflanzung. Der Menstruationszyklus ist eine Unruhe stiftende Uhr, die erst stillsteht, wenn es der Natur paßt.

Der Fortpflanzungsapparat der Frau ist weitaus komplizierter als der des Mannes, und noch immer verstehen wir zu wenig davon. Alles mögliche kann schiefgehen oder Schmerzen verursachen, weil es richtig läuft. Die westliche Frau liegt mit ihrem eigenen Körper im Streit: Sie erfährt biologische Normalität als Leiden und Gesundheit als Krankheit. Schmerzhafte Regelblutungen, heißt es, seien eine Zivilisationskrankheit; Frauen in Stammeskulturen würden Regelstörungen kaum kennen. Aber im Stammesleben partizipiert die Frau auch an einer kollektiven Identität; die Stammesreligion ehrt die Natur und ordnet sich ihr unter. Nicht zufällig treten die nackten Tatsachen der weiblichen Existenz in der fortgeschrittenen westlichen Gesellschaft mit ihrem Bemühen, die Natur zu verbessern oder zu übertreffen, und mit ihrer Neigung, Individualität und Selbstverwirklichung als Ideale hinzustellen, mit schmerzlicher Deutlichkeit zutage. Je mehr die Frau nach persönlicher Identität und Autonomie strebt, je mehr sie ihre Phantasiefähigkeit entwickelt, um so heftiger gerät sie in Konflikt mit der Natur – das heißt mit den unerbittlichen natürlichen Gesetzmäßigkeiten ihres eigenen Körpers. Und um so härter wird sie von der Natur bestraft: Wag nur nicht, frei zu sein! Dein Körper gehört dir nämlich nicht.

Der weibliche Körper ist eine chthonische Maschine, gleichgültig gegen den Geist, der ihn bewohnt. Organisch gesehen, hat er nur eine Bestimmung, die Schwangerschaft, deren Verhinderung uns ein Leben lang beschäftigen kann. Die Natur kümmert sich immer nur um die Gattung, nie um den einzelnen: Die demütigenden Seiten dieser biologischen Tatsache bekommen am unmittelbarsten die Frauen zu spüren, bei denen Realismus und Weisheit deshalb wahrscheinlich größer sind als bei den Männern. Der Körper der Frau ist ein Meer, dessen Wellenbewegung dem lunaren Monatszyklus gehorcht. Träge und schläfrig ruhen ihre Fettgewebe, vollgesogen mit Wasser, bis die hormonale Flut sie plötzlich ausschwemmt. Ödeme sind unser Rückfall aus dem Säugetierstadium ins Vegetabilische. Die Schwangerschaft ist Beweis für den deterministischen Charakter der weiblichen Sexualität. Jede Frau, die schwanger wird, erfährt, wie eine unkontrollierbare chthonische Macht von ihrem Körper und Selbst Besitz ergreift. Wenn sie die Schwangerschaft wünscht, ist dies ein Opfer, das sie mit Freuden bringt. Aber die unerwünschte Schwangerschaft, die durch Notzucht oder ein Mißgeschick zustande kommt, ist eine grauenvolle Erfahrung. Die unseligen Frauen blicken dann in die finsterste Tiefe der Natur. Ein Fötus ist ein gutartiger Tumor, ein Vampir, der raubt, um zu leben. Das sogenannte Wunder der Geburt ist nichts anderes als die Natur, die ihren Willen durchsetzt.

Jeden Monat erlebt die Frau eine neue Niederlage ihres Willens. Die Menstruation wurde einst als »der Fluch« bezeichnet, eine Anspielung auf die Vertreibung aus dem Garten Eden, als die Frau wegen Evas Sünde verdammt wurde, »in Schmerzen zu gebären«. Die meisten frühen Kulturen umgaben die Frauen während ihrer Regelzeit mit rituellen Tabus. Orthodoxe Jüdinnen reinigen sich auch heute noch im Mikwe, einem rituellen Bad, von der Befleckung der Menstruation. Die Frauen haben die Unvollkommenheiten des Mannes, sein Verhaftetsein in der Natur, symbolisch zu tragen. Das Menstruationsblut ist der dunkle Fleck, das Muttermal der Ursünde, die Besudelung, von der die transzendente Religion den Menschen reinwaschen muß. Ist diese Gleichsetzung bloß eine phobische Reaktion, bloß Ausdruck männlicher Frauenhasserei? Oder haftet dem Menstruationsblut vielleicht wirklich etwas Unheimliches an, das seine Tabuisierung rechtfertigt? Ich bin der Ansicht, daß es nicht das Regelblut als solches ist, das der Phantasie zusetzt – so unerträglich die rote Flut auch sein mag –, sondern vielmehr das Albumin im Blut, die Schleimhautfetzen aus dem Uterus, Plazentaquallen aus dem weiblichen Meer. Dies ist die chthonische Gebärmutter, aus der wir hervorgegangen sind. Wir empfinden einen entwicklungsgeschichtlich bedingten Abscheu gegen Schleim, die Stätte unserer biologischen Herkunft. Jeden Monat erleidet die Frau das Schicksal, in den Abgrund von Sein und Zeit schauen zu müssen, in den Abgrund, der sie selber ist.

Die Bibel ist angegriffen worden, weil sie im kosmischen Drama des Mannes die Frau zum Sündenbock mache. Indem sie aber als den Widersacher Gottes einen männlichen Verschwörer, die Schlange, einführt, macht die Schöpfungsgeschichte einen Rückzieher und geht mit ihrer Frauenfeindlichkeit gar nicht weit genug. Denn sie lenkt von Gottes wahrem Gegenspieler, der chthonischen Natur, feige ab. Die Schlange befindet sich nicht außerhalb Evas, sondern in ihr: Eva ist der Garten *und* die Schlange. Gemünzt auf Hexen, sagt Anthony Storr: »Auf einer sehr ursprünglichen Ebene sind alle Mütter phallisch.«[2]

Der Teufel ist eine Frau. Weil sie jedes Klischee verwerfen, das dem gesellschaftlichen Aufstieg der Frau im Weg steht, weigern sich die modernen Emanzipationsbewegungen, von der Dämonie der Fortpflanzung Kenntnis zu nehmen. Natur ist schlangengleich, ein verfilztes Nest aus Schling- und Kletterpflanzen, deren kriechende Ranken sich hineinbohren in das stinkende organische Leben, das wir, so wollte es Wordsworth, schön finden sollen. Die englischsprachige Biologie spricht vom Reptilienhirn (reptilian brain) und meint damit das Stammhirn, den ältesten Teil unseres höheren Nervensystems, den mörderischen Rest aus archaischer Zeit. Ich behaupte, daß die Frau, wenn sie vor der Menstruation zur Bissigkeit oder zu Zornausbrüchen neigt, Signale aus dem Stammhirn empfängt. In ihr ist die beim Mann latente Verstocktheit manifest. Die Hölle bricht los, die Hölle der chthonischen Natur, die der moderne Humanismus verleugnet und unterdrückt. In jeder prämenstruellen Frau, die um ihre Fassung ringt, ringt erneut der Himmelskult mit dem Erdkult.

Die mythologische Gleichsetzung von Frau

und Natur entspricht den Tatsachen. Der Beitrag des Mannes zur Fortpflanzung ist momenthaft und flüchtig. Die Empfängnis ist eine Zeitmarke, ein weiterer phallischer Höhepunkt des Geschehens, nach dem der Mann funktionslos zurückbleibt. Die schwangere Frau ist auf dämonische, auf diabolische Weise vollständig. Sie braucht nichts und niemanden. Ich behaupte, die schwangere Frau, die neun Monate lang über ihrer eigenen Schöpfung brütet, stellt das Grundmuster des Solipsismus dar; der Mythos, der den Narzißmus mit der Frau historisch in Verbindung bringt, ist eine wahre Erzählung. Männerbund und Patriarchat waren die Rückzugsbastionen, in welche die Männer hineingezwungen wurden von der gefürchteten Macht der Frau, ihrer Unergründlichkeit, ihres archetypischen Pakts mit der chthonischen Natur. Der Körper der Frau ist ein Labyrinth, in dem der Mann sich verirrt. Er ist ein von Mauern umgebener Garten, der mittelalterliche *hortus conclusus*, in dem die Natur ihre dämonische Zauberei wirkt. Die Frau ist der ursprüngliche Verfertiger, der wirkliche Erste Beweger. Sie verwandelt einen Schleimauswurf in das sich ausbreitende Gespinst eines fühlenden Wesens, das an der schlangengleichen Nabelschnur hängt, mit der die Frau jeden Mann bindet.

Der Feminismus hat es sich zu einfach gemacht mit seiner Behauptung, die archetypischen Vorstellungen von der Frau seien politisch motivierte Lügen des Mannes. Der historische Widerwille gegen die Frau hat eine rationale Grundlage: Er ist die ureigene Reaktion der Vernunft auf die Roheit des Fortpflanzungsgeschäfts der Frau. Vernunft und Logik sind die angstgeborene Domäne Apollons, des ersten Gottes des Himmelskults. Das Apollinische ist schroff und phobisch in der Art und Weise, wie es sich kraft übermenschlicher Reinheit kalt von der Natur abschneidet. Ich werde zeigen, daß westliche Persönlichkeit und westliche Leistung im Guten wie im Bösen weitgehend apollinischen Charakters sind. Apollons großer Gegenspieler Dionysos ist Herrscher über den chthonischen Bereich, dessen Gesetz die fortpflanzungszentrierte Weiblichkeit ist. Wie wir sehen werden, ist das Dionysische flüssiger Natur, ein fauliger Morast, dessen Urform das tiefe Gewässer des Schoßes ist.

Wir müssen uns fragen, ob die Gleichwertigkeit zwischen Weiblich und Männlich in der Symbolik des Fernen Ostens kulturell so wirkmächtig war wie die Unterwerfung des Weiblichen unter das Männliche bei uns im Westen. Welches System war in letzter Instanz günstiger für die Frauen? Westliche Wissenschaft und Technik haben die Frauen von Schufterei und Bedrohung ihres Lebens befreit. Maschinen besorgen die Hausarbeit. Die Pille setzt die Fruchtbarkeit außer Kraft. Gebären ist nichts Lebensgefährliches mehr. Und der apollinische Strang der westlichen Rationalität hat die aggressive Frau der Moderne hervorgebracht, die wie ein Mann denkt und abscheuliche Bücher schreibt. Die Spannungen und Widersprüche in der westlichen Metaphysik haben die Entwicklung der höheren Hirnfunktionen außerordentlich weit vorangetrieben. Ein Großteil der westlichen Kultur besteht in der Verzerrung der Realität. Aber Realität *muß* verzerrt, das heißt durch die Phantasie ergänzt werden. Die buddhistische Unterwerfung unter die Natur nimmt es weder genau mit ihr, noch wird sie dem Vermögen des Menschen

21.6.96

gerecht. Das Apollinische hat uns den Weg zu den Sternen gewiesen.

Die dämonischen Archetypen des Weiblichen, welche die Mythologien überall auf der Welt beschäftigen, stehen für die unbeherrschbare Nähe der Natur. Ihre Tradition setzt sich ziemlich ungebrochen von den prähistorischen Idolen fort über Literatur und Kunst bis zum zeitgenössischen Film. Die wichtigste Figur ist die *Femme fatale*, die Frau, die tödlich ist für den Mann. Je weiter die Natur im Westen zurückgedrängt wird, um so häufiger taucht die *Femme fatale* auf: als Wiederkehr des Verdrängten. Sie ist die Ausgeburt des schlechten Gewissens, das der Westen gegenüber der Natur hat. Sie ist die moralische Zwiespältigkeit der Natur, ein übelwollender Mond, der durch den Nebel unserer hoffnungsschwangeren Gefühlsseligkeit bricht.

Der Feminismus erklärt die *Femme fatale* zur greuelpropagandistischen Karikatur. Wenn es sie überhaupt gegeben habe, dann sei diese Frau ein Opfer der Gesellschaft; weil man ihr den Zugang zu politischer Macht versperrt habe, habe sie ihre Zuflucht zu weiblichen Ränken nehmen müssen.

Die *Femme fatale* erscheint als verhinderte Karrierefrau, die ihre Energien neurotisch im Boudoir austobt. Mittels solcher Entmystifizierungstechniken hat sich der Feminismus selber in die Ecke manövriert. Die Sexualität ist ein finsterer Bereich, erfüllt von Widerspruch und Zwiespalt. Sie läßt sich nicht immer mit Hilfe von Gesellschaftsmodellen verstehen, die ihr der Feminismus als Erbe des Utilitarismus des 19. Jahrhunderts unentwegt überstülpt. Der Nimbus des Geheimnisvollen wird stets der anarchische Begleiter von Liebe und Kunst bleiben. Erotik *ist* Nimbus, ist die Aura von Emotion und Phantasie, die von der Sexualität umgeben ist. Sie läßt sich nicht auf Bestimmungen »festnageln«, die sozialer oder moralischer Zweckmäßigkeit entspringen, egal, ob politisch von links oder von rechts betrachtet. Denn jeder gesellschaftliche Faschismus wird von dem der Natur übertroffen. Den Sexualbeziehungen eignet unaufhebbare Instabilität, die wir ertragen müssen.

Die *Femme fatale* ist eine der fesselndsten Masken der Sexualität. Sie ist keine Erfindung, sondern Extrapolation aus biologischen Gegebenheiten der Frau, die sich immer gleich bleiben. Der nordamerikanische Indianermythos von der gezahnten Vagina *(vagina dentata)* ist ein schaurig direktes Sinnbild weiblicher Macht und männlicher Angst. Metaphorisch gesprochen hat jede Vagina verborgene Zähne, denn das Männliche kommt mit weniger aus ihr heraus, als es beim Eintritt hatte. Der Grundmechanismus der Empfängnis verlangt vom männlichen Geschlecht Aktivität, vom weiblichen hingegen nichts weiter als aufnahmebereite Passivität. Als ein eher natürlicher und nicht gesellschaftlicher Austausch ist Sexualität deshalb tatsächlich eine Art von Aufsaugung männlicher Energie durch weibliche Fülle. Physische und geistige Kastration ist die Gefahr, der sich jeder Mann beim Geschlechtsverkehr mit einer Frau aussetzt. Liebe ist der Zauber, durch den er seine Sexualangst beschwichtigt. Der latente Vampirismus der Frau ist kein gesellschaftlich bedingtes Fehlverhalten, sondern eine Konsequenz ihrer mütterlichen Funktion, für die sie die Natur mit ermüdender Sorgfalt ausgerüstet hat. Für den Mann ist jeder Geschlechtsakt eine Rückkehr zur Mutter und die Kapitulation vor ihr. Für die Männer ist Sexualität Kampf um die Identität. In der Sexualität wird der Mann gefressen und wieder ausgespien von der zähnebewehrten Macht, die ihn geboren hat, dem weiblichen Drachen Natur.

Die *Femme fatale* wird geprägt von der geheimnisvollen Verbindung zwischen Mutter und Kind. Es ist eine moderne Unterstellung, daß Sexualität und Fortpflanzung medizinisch, wissenschaftlich, intellektuell »in den Griff zu bekommen« seien, daß jedes Problem verschwinden werde, wenn wir nur lange genug mit dem Instrumentarium des Sozialen daran herumbasteln. Unterdes schnellen die Scheidungsraten in die Höhe. Die konventionelle Ehe, ungeachtet ihrer Ungerechtigkeiten, hielt die chaotische Libido in Schach. Wenn die Ehe wenig Achtung genießt, bricht sich der ganze ekelhafte Dämonismus des Sexualinstinkts Bahn. Der Individualismus, das von der Gesellschaft nicht mehr gezügelte Selbst, gerät in die herbere Knechtschaft der Naturverfallenheit. Von Rousseau führen alle Wege zu de Sade. Der geheimnisumwitterte Umstand, daß wir von menschlichen Müttern geboren wurden, gehört zu jenen dunkel drohenden Wolken, die sich nicht durch rührende Unabhängigkeitsbekundungen zerstreuen lassen. Apollon kann der Natur ausweichen, aber er kann sie nicht auslöschen. Als emotionale und sexuelle Wesen durchmessen wir den vollen Kreis. Das hohe Alter ist eine zweite Kindheit, in der früheste Erinnerungen wiederkehren. Es läuft einem kalt den Rücken herunter, wenn man erfährt, daß komatöse Patienten jeden Alters automatisch in die fötale Stellung zurücksinken, kaum daß die Krankenschwestern sie aus dieser aufgerichtet haben. Wir sind mit unserer Geburt durch unerschütterliche Erscheinungen unseres sensorischen Gedächtnisses verbunden.

Die rousseauistischen Psychologien beharren wie der Feminismus darauf, daß die menschlichen Emotionen und Affekte letzten Endes gutartig seien. In solch einem System hat die *Femme fatale* logischerweise keinen Platz. Da ich überzeugt bin von der Amoralität des Instinktlebens, folge ich Freud, Nietzsche und de Sade. Auf einer bestimmten Ebene ist alle Liebe Kampf, ein Ringen mit Gespenstern. Wir können nur um den Preis *für* etwas sein, daß wir gleichzeitig *gegen* etwas anderes sind. Menschen, die behaupten, angenehme, oberflächliche, unkomplizierte Sexualbeziehungen zu unterhalten, egal, ob mit Freunden, Gatten oder Fremden, verdrängen einfach nur das Gewirr psychodynamischer Verwicklungen aus ihrem Bewußtsein – geradeso wie sie die feindseligen Ausbrüche ihres Traumlebens verdrängen. Der Familienroman bleibt ständig gegenwärtig. Die *Femme fatale* ist eine der ausgetüftelten Schöpfungen des weiblichen Narzißmus, des ambivalenten Selbstbezugs, der sich mit der Geburt eines Kindes oder mit der Verwandlung des Gatten oder Liebhabers ins Kind vollendet.

Mütter können für ihre Söhne tödlich sein. Die Mutter ist es, gegen die das hochragende Bauwerk der Politik und des Himmelskults von den Männern aufgerichtet wurde. Sie ist Medusa, in der Freud die kastrierende und kastrierte weibliche Scham erkennt. Aber das Schlangenhaar der Medusa symbolisiert auch das pflanzenhaft schlängelnde Wachstum der Natur. Ihre schreckliche Grimasse ist Ausdruck der männlichen Angst vor dem Gelächter der Frauen. Sie, die das Leben schenkt, versperrt zugleich den Weg in die Freiheit. Ich stimme deshalb de Sades Ansicht zu, daß wir das Recht haben, die Fortpflanzungszwänge der Natur durch Sodomie oder Abtreibung zu unterlaufen. Die männliche Homosexualität ist möglicherweise der beherzteste Versuch, der *Femme fatale* zu entrinnen und die Natur zu überwinden. Dadurch, daß er sich von der medusischen Mutter abwendet, egal, ob aus Achtung oder aus Abscheu vor ihr, wird der männliche Homosexuelle zu einem der großen Stifter der absolutistischen westlichen Identität. Am Ende jedoch siegt wie stets die Natur, die für Promiskuität den Preis der Geschlechtskrankheit fordert.

Die *Femme fatale* gehört als Maske des Sexuellen in ihrer Unverwüstlichkeit zu der beschwerlichen Last der Erotik, unter der Ethik und Religion zusammenzubrechen drohen. Das Erotische ist die Achillesferse der Gesellschaft, hier erfolgt der Einbruch der chthonischen Natur. Die *Femme fatale* kann als medusische Mutter oder als frigide Nymphe erscheinen, die sich ins gleißende Licht apollinischen Hochglanzes hüllt. Ihre kühle Unnahbarkeit lockt, fasziniert und zerstört. Sie ist keine Neurotikerin, höchstens eine Psychopathin.

Das heißt, ihr eignet eine amoralische Fühllosigkeit, eine ruhige Gleichgültigkeit gegen die Leiden derer, die sie anzieht und an denen sie teilnahmslos die Wirkung ihrer Macht beobachtet. Der Nimbus der *Femme fatale* läßt sich nicht vollständig in männliche Kategorien übertragen. Ich werde noch ausführlich von dem Schönen Knaben zu sprechen haben, einer der verblüffendsten Masken, welche die Sexualität im Westen gefunden hat. Der *homme fatal,* verkörpert vom knabenhaften Strichjungen unserer Tage, droht in jedem Moment abzuhauen, zu anderen Liebhabern zu laufen, irgendwohin zu verschwinden. Er ist ein Landstreicher, ein Cowboy, ein Matrose. Die *Femme fatale* hingegen ist bedrohlich, weil sie *bleibt,* ruhig, gelassen und lähmend. Ihr Bleiben ist eine dämonische Last, die Allgegenwart von Walter Paters *Mona Lisa,* die alle Geschichte erstickt. Sie ist Stachel, Inbegriff widerborstiger verderbter Sexualität. Ihr Stachel bleibt.

Unser Ziel in diesem Kapitel ist eine Theorie des Schönen. Ich glaube, daß der ästhetische Sinn, wie bislang alles andere auch, Resultat eines Ausweichmanövers vor dem Chthonischen ist. Er verdankt sich einer Verschiebung von einem Realitätsbereich in den anderen, vergleichbar dem Wechsel vom Erdkult zum Himmelskult. Ferenczi spricht davon, daß beim Menschen aufgrund seines aufrechten Ganges der Gesichtssinn an die Stelle des Geruchssinns beim Tier getreten sei. Das Auge fällt kategorische Urteile. Es entscheidet, was es sehen will und was nicht. Jeder Blick schließt ebenso vieles aus wie ein. Wir wählen Aspekte aus, bearbeiten sie, verstärken sie. Unsere Idee des Schönen ist ein begrenzter Begriff, der auf die fließenden unterirdischen Regionen, auf den katastrophischen Bereich chthonischer Gewalt schlechterdings nicht anwendbar ist. Bei unseren täglichen Spaziergängen schließen wir vor dieser Gewalt lieber die Augen. Jedesmal, wenn wir von der Schönheit der Natur sprechen, kommt das einem Stoßgebet, einem heimlichen Fingerkreuzen gleich.

Auch die kühle Schönheit der *Femme fatale* ist ein Fall von umgewandelter chthonischer Häßlichkeit. Weibliche Tiere sind gewöhnlich weniger schön als die männlichen. Das farblose Gefieder des Muttervogels ist Tarnung und soll das Brutnest vor Räubern bewahren. Die männlichen Vögel sind nach Gefieder und Betragen stark auffällige Geschöpfe und sollen durch ihre Auffälligkeit teils Eindruck auf die Weibchen machen und Rivalen aus dem Feld schlagen, teils Feinde vom Nest weglocken. Bei den Menschen ist das rituelle männliche Imponiergehabe nicht weniger ausgeprägt als bei den Tieren, die Weibchen hingegen verwandeln sich zum ersten Mal im Tierreich in üppig schöne Geschöpfe. Warum? Die Frau schmückt sich nicht nur, um ihren Wert zu steigern, wie der Marxismus entmystifizierend behauptet, sondern auch, um sich ihrer Attraktivität zu versichern. Das Bewußtsein macht Feiglinge aus uns allen. Tiere empfinden keine sexuelle Angst, weil sie keine denkenden Wesen sind. Sie handeln unter einem rein biologischen Imperativ. Der Geist, der es der Menschheit ermöglicht hat, sich als Gattung zu entwickeln und auszubreiten, hat zugleich unser Funktionieren als Körperwesen unendlich kompliziert. Wir sehen zuviel und müssen deshalb unser Blickfeld konsequent einengen. Das Begehren ist allseits von Angst und Zweifel umlagert. Die Schönheit, eine Verzückung des

Auges, versetzt uns in einen Rauschzustand und erlaubt uns zu agieren. Schönheit ist die apollinische Revision des Chthonischen.

Die Natur ist ein darwinistisches Schauspiel des Fressens und Gefressenwerdens. Alle Phasen der Fortpflanzung sind beherrscht von Gier: Der Geschlechtsverkehr, vom Küssen bis zum Kopulieren, besteht aus lauter Bewegungen einer kaum unterdrückten Grausamkeit und Freßgier. Die lange Schwangerschaft des menschlichen Weibchens und der verzögerte Reifeprozeß des menschlichen Jungtiers, das sieben oder mehr Jahre lang unfähig bleibt, sich selbst zu versorgen, verursachen die Qual psychologischer Abhängigkeit, die den Mann ein Leben lang belastet. Der Mann fürchtet zu Recht, von der Frau als der Bevollmächtigten der Natur aufgefressen zu werden.

Verdrängung ist eine evolutionsgeschichtliche Anpassung, die uns erlaubt, unter der Last unseres erweiterten Bewußtseins Funktionstüchtigkeit zu bewahren. Denn das, was uns bewußt wird, könnte uns in den Wahnsinn treiben. Im ordinären männlichen Slang heißt das weibliche Genitale »Schlitz« oder »Spalte«. Freud bemerkt, daß Medusa die Männer versteinern lasse, weil der Junge das weibliche Genital beim ersten Anblick für eine Kastrationswunde halte. Es ist in der Tat eine Wunde, aber es war das Neugeborene, das mit Gewalt abgetrennt wurde: die Nabelschnur als Trosse, die von einer gesellschaftlichen Rettungsmannschaft gekappt worden ist. Sexualnot treibt den Mann zurück zu dieser blutigen Szene, aber nur mit Zittern und Zagen vermag er sich ihr zu nähern. Seine Angst verbirgt er hinter Euphemismen der Liebe und der Schönheit. Je weniger wohlerzogen – mit anderen Worten: je weniger sozialisiert – er ist, um so stärker ist sein Bewußtsein vom tierischen Charakter der Sexualität und um so roher ist seine Sprache. Die rowdyhaften Obszönitäten sind nicht Ausdruck des gesellschaftlichen Sexismus, sondern der fehlenden Gesellschaftlichkeit. Die Natur übertrifft uns nämlich alle an Obszönität.

Die derzeitige gesellschaftliche Karriere der Frau ist keine Reise vom Mythos zur Wahrheit, sondern vom alten Mythos zu neuem Mythos. Der Aufstieg der rationalen, technologisch versierten Frau erfordert unter Umständen die Verdrängung unangenehmer archetypischer Realitäten. Ferenczi stellt fest: »Die periodischen Pendelschläge in der weiblichen Sexualität (Pubertät, Monatsblutungen, Schwangerschaften und Entbindungen, das Klimakterium) verlangen der Frau eine viel größere Repressionsleistung ab, als vom Manne gefordert ist.«[3] In seiner Auseinandersetzung mit der männlich dominierten Gesellschaft muß der Feminismus den allmonatlich wiederkehrenden Beweis dafür unterdrücken, daß die Frau unter der Herrschaft der chthonischen Natur steht. Menstruation und Gebären sind ein Affront für Schönheit und Sitte. Ästhetisch gesprochen sind sie Schaustellungen erschreckenden Elends. Die moderne Welt mit ihren Krankenhäusern und ihrer Papierhygiene hat diese primitiven Abgründe zugedeckt und sanitär entsorgt, wie sie das auch mit dem Tod getan hat, der früher eine zermürbende Affäre war, die sich zu Hause zutrug. Es wird eine Unmenge unter den Teppich gekehrt: das Grauen und der Schrecken, die unser Los sind.

Die an eine Wunde erinnernde Blöße des weiblichen Genitals ist ein Symbol für die Unaufhebbarkeit der chthonischen Natur. Ästhetisch betrachtet, ist das weibliche Genital grausig in der Farbe, formlos im Umriß und gestaltlos als körperliches Ganzes. Das männliche Genital hingegen läuft zwar durch seine gummiartige Beweglichkeit (eine Romanheldin bei Sylvia Plath denkt bezeichnenderweise an »Truthahnhals und Truthahninnereien«) Gefahr, lächerlich zu wirken, aber es hat eine rationale mathematische Anlage, eine Syntax. Das ist indes nicht unbedingt ein Vorzug, denn dies wird den Mann in seinen umfassenden Falschwahrnehmungen der Realität noch bestärken. Ästhetik endet, wo Sexualität beginnt. G. Wilson Knight erklärt: »Alle körperliche Liebe ist auf ihre Art ein Sieg über das Abweisende und Abstoßende des Körperlichen.«[4] Sexualität hat etwas Feuchtes und Ungestaltes, ist eine Rückkehr zu dem, was Freud als den polymorph perversen Zustand des Säuglings beschreibt, ein begeistertes Sich-Suhlen in allen Körpersäften. Augustinus sagt, die Menschen kommen »zwischen Kot und Urin zur Welt«. Diese frauenfeindliche Vorstellung vom sündhaften Auftauchen des Neugeborenen aus dem Geburtskanal kommt der chthonischen Wahrheit sehr nahe. Aber die Ausscheidungen, durch welche die Natur ausnahmsweise beide Geschlechter gleichmäßig traktiert, lassen sich, wie wir bei Aristophanes, Rabelais, Pope und Joyce sehen können, in der Komödie bewahren; Kot hat seinen Ort in der Hochkultur gefunden. Menstruation und Geburt dagegen sind zu barbarisch selbst für die Komödie. Die Häßlichkeit dieser Vorgänge ist verantwortlich für die gigantische Verschiebungsleistung, kraft derer die Frau ihre historische Stellung als Sexualobjekt einnimmt, dessen Schönheit unablässig erörtert und modifiziert werden muß. Die Schönheit der Frau ist eine Kompromißbildung, die ihrer gefährlichen archetypischen Verführungskraft Tribut zollt und ihr zugleich den Stachel nimmt. Sie gestattet dem Auge die angenehme Illusion intellektueller Verfügung über die Natur.

Meine Erklärung für die historisch unbestreitbare Vormachtstellung der Männer in Kunst, Wissenschaft und Politik basiert auf der Analogie von Sexualphysiologie und Ästhetik. Ich werde zeigen, daß alle Kulturleistung eine Projektion, ein Ausweichen in apollinische Transzendenz ist und daß die Männer anatomisch für solche Projektionen prädestiniert sind. Aber wie bei Ödipus zu sehen, kann Vorherbestimmung ein Fluch sein.

Wie wir die Welt wahrnehmen und wie sie uns wahrnimmt, ist abhängig von zugrunde liegenden Schattenmustern der Sexualbiographie und Sexualgeographie. Was bis ins Bewußtsein dringt, ist bereits durch die Dämonie der Sinne vorgeformt. Der Geist ist Gefangener des Körpers. Vollständige Objektivität gibt es nicht. Jeder Gedanke schleppt eine emotionale Last mit sich. Hätten wir die Zeit oder Kraft dazu, könnten wir jeder Zufallsentscheidung, angefangen von der Farbe unserer Zahnbürste bis zur Wahl der Speisenfolge in einem Lokal, das Geheimnis ihrer Bedeutung im Drama unseres Innenlebens entlocken. Aber erschöpft blenden wir solche psychische Überdetermination aus. Das Reich der Zahl, die apollinisch reine, kristalline Mathematik, wurde vom westlichen Mann früh schon als eine Zuflucht erfunden, um der morastigen Emotionalität und dem überbordenden Chaos von Frau und Natur zu entrinnen. Frauen, die sich in der Mathematik hervortun, bewähren sich in einem System, das Männer entworfen haben, um die Natur unter ihre Herrschaft zu bringen. Die Zahl ist der imponierendste und am wenigsten kreatürliche Ordnungsstifter, Inbegriff der sehnsüchtigen Hoffnung der Männer auf Objektivität. Auf Zahlen zieht er (heute auch sie) sich zurück, um dem Morast aus Liebe, Haß und Familienroman zu entrinnen.

Bis heute sind es eher die Männer als die Frauen, die der Überlegenheit des logischen Denkens über das Gefühl das Wort reden. Das tun sie komischerweise vor allem in Augenblicken wirklich chaotischer Gefühlsverwirrungen, die sie vielleicht selber heraufbeschworen haben und derer sie nicht mehr Herr werden. Männliche Künstler und Schauspieler sind mit der kulturellen Aufgabe betraut, dem Fluß von Emotionen eine Verbindung aus den weiblichen in die männlichen Bereiche offenzuhalten. Jeder Mann beherbergt in seinem Innern eine weibliche Region, die von seiner Mutter beherrscht wird, von der er sich niemals völlig zu lösen vermag. Seit der Romantik sind Kunst und Kunstbetrachtung zu einem Mittel geworden, das in der westlichen Tradition verdrängte Gefühlsleben zu erforschen, was die akademische Gelehrsamkeit, die sich von ihnen ernährt, auch dann noch verhehlen würde, wenn sie nur halb so ermüdend wäre. Dichtung ist das Bindeglied zwischen Körper und Geist. Jeder dichterische Gedanke wurzelt im Gefühl. Jedes Wort ist ein Abtasten des Körpers. Die Vielzahl von Interpretationen, die ein Gedicht umlagern, sind Reflex der unkontrollierbar stürmischen Emotionalität, in welcher die Natur ihren Willen erfüllt. Gefühl *ist* Chaos. Jedes gutartige Gefühl hat eine bösartige Kehrseite. So ist die Flucht vor dem Gefühl in die Zahl eine weitere wichtige Strategie des apollinischen Westens in seinem langen Kampf mit Dionysos.

Gefühl ist Leidenschaft, ein kontinuierlicher Zusammenhang aus Eros und Aggression. Liebe und Haß sind keine Gegensätze: Es gibt nur mehr oder weniger Leidenschaft, einen Unterschied dem Grade, nicht aber der Art nach. Die Forderung nach einem Leben in Liebe und Frieden ist einer der herausragenden Widersprüche, in die das Christentum seine Anhänger verwickelt, ein unmögliches und widernatürliches Ideal. Seit der Romantik beschweren sich Künstler und Intellektuelle über die Sexualvorschriften der Kirche, aber diese sind nur ein Einzelaspekt im christlichen Kampf mit der heidnischen Natur. Nur ein Heiliger vermag nach dem christlichen Liebesgebot zu leben. Und Heilige sind rücksichtslos, wenn sie etwas abschütteln wollen: Sie müssen eine Unmenge Realität ausschließen, die Realität der sexuellen Masken und die Realität der Natur. Alle gleichermaßen zu lieben bedeutet, daß dem einzelnen Ding, dem einzelnen Menschen Kälte gezeigt werden muß. Erinnern wir uns, daß sogar Jesus seine Mutter in Kana unnötig grob zurückwies.

Der chthonische Überfluß an Gefühl ist ein Problem für den Mann. Ein Mann muß sich gegen jenes kolossale Gefühlsquantum behaupten, das Frau und Natur in sich bergen. Er kann ein Selbstsein nur erlangen, wenn er die drohend dunkle Wolke zurückdrängt, die ihn zu verschlingen droht: die Mutterliebe, die wir ebensogut als Mutterhaß bezeichnen können. Liebe und Haß, für die Mutter und von der Mutter: eine ungeheure Zusammenballung von Naturgewalt. Die politische Gleichberechtigung der Frau wird an diesem emotionalen Hexenkessel, der ober- und unterhalb der politischen Sphäre, außerhalb der Mechanismen des Soziallebens, brodelt, wenig ändern. Erst wenn alle Neugeborenen aus Retorten kommen, wird die Schlacht zwischen Mutter und Sohn enden. Aber in einer totalitären Zukunft, die der Frau das Geschäft der Fortpflanzung aus der Hand genommen hat, wird es auch keine Affekte und keine Kunst mehr geben. Die Menschen werden Maschinen sein, ohne Schmerz, aber auch ohne Lust. Phantasie hat ihren Preis, wir zahlen ihn tagtäglich. Aus den biologischen Ketten, die uns fesseln, gibt es keine Befreiung.

Mit welchen Verteidigungsmitteln gegen die Frau hat die Natur den Mann ausgestattet? Das führt uns an den Ursprung der männlichen Kulturleistungen, die sich so unmittelbar aus seiner eigentümlichen Anatomie herleiten. Unser körperliches Leben läßt grundlegende Wahrnehmungsweisen in uns entstehen, die geschlechtsspezifisch stark divergieren. Hier kann es keine Gleichheit geben. Der Mann ist sexuell aufgespalten. In seiner Genitalität ist er gefesselt an ein Verhaltensmuster, das sich durch Linearität, Scharfeinstellung, Zielstrebigkeit, Gerichtetheit auszeichnet. Er muß lernen zu zielen. Ohne Zielorientierung besudelt er, wenn er uriniert oder ejakuliert, wie ein Kleinkind den eigenen Körper oder die unmittelbare Umgebung. Die Erotik der Frau ist auf ihren ganzen Körper verteilt. Die Lust, die sie am Vorspiel hat, ist ein notorischer Anlaß für Mißstimmigkeiten zwischen den Geschlechtern. Die genitale Konzentration des Mannes bedeutet Einschränkung, aber auch Intensivierung. Der Mann ist ein Spielball unberechenbarer affektiver Schwankungen. Die männliche Sexualität ist ihrer Natur nach manisch-depressiv. Östrogen sediert, Androgen hingegen putscht auf. Die Männer befinden sich in einem ständigen Zustand sexueller Unruhe, sie müssen mit dem Kribbeln der Hormone leben. In der Sexualität ebenso wie im Leben werden sie *hinaus*getrieben – hinaus über sich selbst, hinaus über ihren Körper. Schon im Mutterschoß hat diese Regel Geltung. Jeder Fötus wird weiblich, wenn er nicht von männlichen Hormonen durchtränkt wird, die auf ein Signal von den Hoden produziert werden. Ein Mann ist deshalb bereits vor der Geburt über die Frau hinaus. Aber dies heißt eben, aus dem Zentrum des Lebens verstoßen zu sein. Die Männer wissen, daß sie sexuell Verbannte sind. Sie wandern über die Erde, suchen Befriedigung, sehnen sich und verschmähen, sind ewig unzufrieden. An dieser qualvollen Hektik ist nichts, worauf die Frau neidisch sein müßte.

Die Metaphern für männliche Genitalität sind Konzentration und Projektion. Die Natur hat dem Mann die Konzentration gegeben, um mit ihrer Hilfe seine Angst zu überwinden. Der Mann nähert sich der Frau in Schüben krampfartiger Konzentration. Das gibt ihm die Illusion, zeitweilig Herr über die archetypischen Mysterien zu sein, denen er seine Entstehung verdankt. Es verleiht ihm den Mut zur Rückkehr. Die Sexualität ist für den Mann auf eine Weise metaphysisch, wie sie es für keine Frau ist. Frauen haben kein Problem, das sich mit Sexualität lösen ließe. Körperlich und seelisch ruhen die Frauen heiter selbstgenügsam in sich. Sie können sich Ziele setzen, aber sie müssen es nicht. Sie werden nicht durch den eigenen aufsässigen Leib über sich hinausgetrieben. Die Männer hingegen sind aus dem Gleichgewicht. Sie müssen streben, verfolgen, werben oder erringen. Tauben auf dem Rasen, was für ein trauriger Anblick: Solche gurrenden Rituale liefern uns eine Kostprobe vom komischen Pathos der Sexualität. Wie oft sieht man einen Täuberich, der sich aufbläht und verzweifelte Ausfälle gegen das Weibchen unternimmt, während sie sich immer wieder unbeeindruckt zeigt und lässig hin und her trippelt. Mit Konzentration und Beharrlichkeit kommt er vielleicht ans Ziel. Die Natur läßt ihn in gnädiger Blindheit für die Absurdität seines Tuns verharren. Seine Zielgerichtetheit ist gleichermaßen Geschenk und Bürde. Bei uns menschlichen Wesen ist Fixierung aufs Sexuelle das Mittel des Mannes zur Bündelung und gewaltsamen Fixierung des bedrohlichen chthonischen Überflusses an Gefühl und Energie, den ich in Frau und Natur verkörpert sehe. In der Sexualität findet sich der Mann in eben den Abgrund hineingetrieben, vor dem er flieht. Er unternimmt eine Reise ins Nicht-Sein und wieder zurück.

Durch Konzentration zur Projektion nach draußen: Die männliche Projektion, wie sie in Erektion und Ejakulation ihren Ausdruck findet, ist Vorbild aller kulturellen Projektion und Ideenbildung – von der Kunst und Philosophie bis hin zu Phantasien, Halluzinationen und obsessiven Wahnvorstellungen. Der historische Anteil der Frauen an der Begriffsbildung ist nicht deshalb geringer, weil die Männer sie davon abgehalten haben, sondern weil die Tätigkeit des begrifflichen Vorstellens für sie keine Existenzbedingung ist. Die Frage, ob dabei zerebrale Unterschiede eine Rolle spielen, lasse ich offen. Möglicherweise ist die Ideenbildung im selben Teil des männlichen Gehirns angesiedelt wie die sexuellen Wahnvorstellungen. Beim Fetischismus zum Beispiel, der wie die meisten sexuellen Perversionen Männersache ist, handelt es sich eindeutig um eine Tätigkeit der Begriffsbildung oder Symbolschöpfung. Daß Männer weitaus mehr Geld für Pornographie ausgeben als Frauen, steht auf demselben Blatt.

Eine Erektion ist ein *Gedanke* und der Orgasmus ein Vorstellungsakt. Der Mann muß kraft eigenen Willens seine sexuelle Macht vor einer Frau beweisen, die ein Schattenbild seiner Mutter und der Frauen überhaupt ist. Versagen und Demütigung lauern ständig im Hintergrund. Keine Frau muß sich derart zwanghaft als Frau beweisen, wie ein Mann sich als Mann bewähren muß. Er muß es bringen, sonst ist es aus. Gesellschaftliche Konventionen spielen da keine Rolle. Flop bleibt Flop. Ironischerweise führt der sexuelle Erfolg am Ende zu eben dem Debakel, vor dem er bewahren soll. Jede Projektion des Mannes ist flüchtig; unablässig muß er sich um ihre Erneuerung sorgen. Die Männer ziehen ein im Triumph, gebeugt ziehen sie sich zurück. Der Sexualakt ist eine grausame Imitation vom Auf und Ab der Geschichte. Männerbündelei ist eine Form der gemeinschaftlichen Selbstbehauptung, eine Art kollegialer Schulterschluß durch ein künstlich hergestelltes, weiteres Feld der Selbstdefinition. Kultur ist das eiserne Stützkorsett, das den ewig bedrohten privaten Projektionen des Mannes Halt verleiht.

Die Mechanik von Konzentration und Projektion wird anschaulich deutlich beim Urinieren, einem der effektivsten Aufspaltungsprozesse, die in der männlichen Anatomie angelegt sind. Freud glaubt, daß der männliche Primitive stolz darauf war, ein Feuer mit seinem Urinstrahl auslöschen zu können. Ein erstaunlicher Grund zum Stolz, aber jedenfalls eine Leistung, die nicht im Vermögen der Frau liegt, die sich bei der Aktion höchstens den Hintern versengen könnte. Der männliche Urinstrahl *ist* tatsächlich eine Art Großtat, ein Transzendenzbogen. Eine Frau wässert einfach nur den Boden unter sich. Das männliche Urinieren ist eine Form der Stellungnahme. Es kann freundschaftliche Bedeutung haben, wenn es in Gesellschaft geübt wird, hat aber auch häufig einen aggressiven Sinn, wie etwa beim Anpinkeln von öffentlichen Denkmalen, das in den sechziger Jahren unter Rockstars beliebt war. Anpinkeln ist soviel wie Kritik üben. John Wayne pißte bei Filmaufnahmen vor versammelter Mannschaft einem mäkligen Regisseur auf die Schuhe. Das ist eine Form der Selbstdarstellung, die Frauen verwehrt bleiben wird. Ein Rüde, der jeden Busch mit seinem Urin markiert, ist ein Graffitikünstler, der, wenn immer er sein Bein hebt, ein unflätiges Zeichen setzt. Wie die Hündinnen sind auch Frauen Erdhocker. Eine Projektion über die Grenzen des eigenen Selbst hinaus findet nicht statt. Raum wird mit Beschlag belegt, indem die Frau sich daraufhockt: Besitzrecht ohne Eigentumstitel.

Die beschwerliche, solipsistische Seite der weiblichen Physiologie wird unausweichlich deutlich, wenn bei Sportereignissen und Rockkonzerten fünfzig Frauen vor den Einzelkabinen der Toilette Schlange stehen. Währenddessen zischen ihre männlichen Begleiter rein und raus, stehen herum, schauen auf die Uhr und verdrehen ungeduldig die Augen. Und wenn sich die männlichen Nachtschwärmer, zum Verdruß ihrer Begleiterinnen, denen die Blase zu platzen droht, in mitternächtlichen Durchfahrten frohgemut entleeren, erweist sich Freuds Vorstellung vom Penisneid als nur zu wahr. Die Abspaltung oder Verselbständigung der männlichen Genitalität hat indes auch ihre Schattenseite. Ihre Folge kann das Auseinanderfallen von Sexualität und Gefühlsleben, können Verführbarkeit, Promiskuität und Krankheit sein. Der heutige männliche Homosexuelle zum Beispiel erlebt seine Augenblicke höchster Lust im Schmutz der öffentlichen Toiletten, die für Frauen die denkbar erotikfeindlichsten Orte darstellen dürften.

Die männlichen Vorstellungsformen der Konzentration und der Projektion sind Widerhall seines Körpers nicht weniger als seines Geistes. Ohne sie wäre er der Macht der Frau hilflos ausgeliefert. Ohne sie hätte die Frau sich schon vor Urzeiten die ganze Schöpfung einverleibt. Es gäbe keine Kultur, kein System, keine zu Pyramiden aufgetürmten Hierarchien. Der Erdkult muß dem Himmelskult unterliegen, wenn der Geist sich von der Materie losreißen soll. Je mehr die moderne Frau sich in ihrem Denken apollinischer Klarheit nähert, um so mehr hat sie ironischerweise teil an der historischen Verneinung ihres eigenen Geschlechts. Die politische Gleichstellung der Frau, so wünschenswert und nötig sie ist, wird die radikale Trennung zwischen den Geschlechtern, die im Körper beginnt und endet, nicht heilen. Die Geschlechter werden stets durch heftige Schockwellen gegenseitiger Anziehung und Abstoßung erschüttert werden.

Die Androgynie, die einige Feministinnen als pazifistisches Idealmodell für ein sexuelles Utopia propagieren, hat ihren Ort eher im kontemplativen als im aktiven Leben. Sie ist das uralte Prärogativ von Priestern, Schamanen und Künstlern. Feministinnen haben sie politisiert und eine Waffe im Kampf gegen das maskuline Prinzip daraus gemacht. In ihrer neubestimmten Form bedeutet

Androgynie nunmehr, daß Männer sein müssen wie Frauen, während Frauen sein können, was immer sie wollen. Androgynie bedeutet, die männlichen Mechanismen von Konzentration und Projektion außer Kraft zu setzen. Was bürgerliche Akademiker und Literaten in die Zukunft projizieren, zeigt nur ihre eigenen Vorlieben. Die Umstrukturierung eines Germanistikseminars wird die Männer in der Autowerkstatt nebenan nicht vom Hocker reißen. Männliche Konzentration und Projektion sind in der aggressiven Energie auf den Straßen allenthalben am Werk. Gott sei Dank haben männliche Homosexuelle aller sozialen Schichten den Kult des Maskulinen beibehalten, der seine ästhetische Legitimität nicht verlieren wird. Die wichtigsten Höhepunkte der westlichen Kulturentwicklung gehen mit einem massierten Auftreten männlicher Homosexualität einher – man denke an das antike Athen, an das Florenz der Renaissance und an London. Männliche Konzentration und Projektion sind selbsteskalierende Mechanismen; sie haben im Bereich apollinischer Ideenbildung großartige Leistungen hervorgebracht.

Wenn die Sexualphysiologie das Grundmuster unserer Erfahrungen bereitstellt, wie sieht dann die Grundvorstellung bei der Frau aus? Es ist das Geheimnisvolle, das *Verborgene.* Karen Horney schreibt dem Umstand, daß Mädchen – im Unterschied zu Jungen – ihre Genitalien nicht sehen können, die im Vergleich mit der Objektivität der Männer »stärkere Subjektivität der Frauen«[5] zu. Aus meiner Perspektive: Die illusionäre Zuversicht der Männer, Objektivität sei möglich, beruht auf der Sichtbarkeit ihrer Genitalien. Und es ist zweitens eben diese Zuversicht, in welche der Mann vor der angsterzeugenden Unsichtbarkeit des weiblichen Schoßes flüchtet. Die Frauen neigen zu größerem Realismus und sind weniger wahnhaft, weil sie dank ihrer Unfähigkeit, sich über den eigenen Körper Klarheit zu verschaffen, Ungewißheit besser ertragen lernen. Frauen akzeptieren die Begrenztheit ihrer Einsicht als natürlichen Zustand und sind damit einer großen menschlichen Wahrheit teilhaftig, die zu erreichen ein Mann unter Umständen sein ganzes Leben lang braucht.

Die unerträgliche Verborgenheit des weiblichen

Körpers berührt den männlichen Umgang mit Frauen in all seinen Aspekten. Wie sieht es da drinnen aus? Hat sie einen Orgasmus gehabt? Ist das Kind wirklich meins? Wer war in Wirklichkeit mein Vater? – Die Sexualität der Frau ist geheimnisumwittert. Dieses Geheimnis ist der Hauptgrund dafür, daß Männer Frauen unter Verschluß hielten. Nur wenn er seine Frau in einem abgeschlossenen Harem von Eunuchen bewachen ließ, konnte der Mann sicher sein, daß sein Sohn tatsächlich sein Sohn war. Die Sichtbarkeit seines Genitals ist eine der Quellen seines wissenschaftlichen Drangs nach praktischen Experimenten und empirischen Beweisen oder Zeugnissen. Mit Hilfe dieser Methoden hofft er, das Geheimnis aller Geheimnisse, das Mysterium seiner chthonischen Geburt, zu lüften. Die Frau ist verschleiert. Das Bedürfnis, diesen Schleier mit Gewalt zu zerreißen, mag eines der Motive für gemeinschaftlich verübte Vergewaltigungen und Sexualmorde sein, vor allem, wenn sie à la Jack the Ripper mit ritualistischem Bauchaufschlitzen vollzogen werden. Daß Jack the Ripper den Uterus seiner Opfer öffentlich zur Schau stellte, findet seine exakte Parallele in einem Stammesritual der Buschmänner Südafrikas. Sexualverbrechen sind immer männlich, niemals weiblich, weil solche Verbrechen symbolträchtige Ausfälle gegen die unnahbare Allmacht des Weiblichen und der Natur sind. Der Körper jeder Frau birgt eine Zelle archaischer Nacht, in der alles Wissen endet. Das ist die tiefere Bedeutung des Striptease, eines sakralen Tanzes heidnischen Ursprungs, den das Christentum ebensowenig hat ausmerzen können wie die Prostitution. Männlich-erotische Tänze sind damit nicht zu vergleichen, denn eine nackte Frau nimmt, wenn sie die Bühne verläßt, eine letzte Verborgenheit mit sich: jene chthonische Finsternis, aus der wir stammen.

Der Körper der Frau ist ein geheimer, sakraler Raum. Er ist *temenos*, der Ort des Rituals – ein Wort aus dem Griechischen, das ich für die Kunstdiskussion übernehme. Im ausgegrenzten Raum des weiblichen Körpers verrichtet die Natur ihr dunkelstes und bewußtlosestes Werk. Jede Frau ist eine Priesterin, die den Temenos dämonischer Mysterien hütet. Jungfräulichkeit bedeutet für beide Geschlechter etwas grundlegend Verschiedenes. Ein Knabe, der Mann wird, strebt nach Erfahrung. Der Penis ist wie der Blick oder die Hand eine ins Äußere greifende Erweiterung des Selbst. Ein Mädchen hingegen ist ein versiegeltes Gefäß, in das man nur gewaltsam gelangt. Der weibliche Körper ist Prototyp aller sakralen Räume von der heiligen Höhle bis zum Tempel und zur Kirche. Der Schoß ist das verschleierte Allerheiligste, ein, wie wir sehen werden, großes Problem für so streitbare Sexualtheoretiker wie William Blake, die Sexualität vom Ruch der Schuld und Heimlichkeit befreien wollen. Das Tabu auf dem Körper der Frau ist dasselbe Tabu, das auf zaubermächtigen Orten liegt. Die Frau ist im wörtlichen Sinn das »Okkulte«, was nichts anderes bedeutet als das »Verborgene«. Diese unheimlichen Implikationen lassen sich nicht verändern, nur unterdrücken – bis sie erneut ins kulturelle Bewußtsein durchbrechen. Die politische Gleichstellung der Frau wird auch nur im politischen Rahmen Erfolg haben können. Gegen das Archetypische ist sie machtlos. Erst wenn man die Phantasie umbringt, Gehirnlappen voneinander trennt, die Geschlechtsdrüsen entfernt und chirurgisch eingreift – erst dann werden die Geschlechter gleich sein. Bis dahin werden wir im dämonischen Aufruhr der Natur leben und träumen müssen.

Alles Heilige und Unverletzbare fordert zu Profanierung und Verletzung heraus. Wenn ein Verbrechen begangen werden *kann*, dann *wird* es auch begangen. Vergewaltigung ist eine Form der naturhaften Aggression, die sich nur durch den Gesellschaftsvertrag beherrschen läßt. Zu den größten Naivitäten des heutigen Feminismus gehört die Behauptung, Notzucht sei ein Gewalt- und kein Sexualverbrechen, weil es sich um lediglich sexuell maskierte Gewaltanwendung handele. Aber Sexualität *ist* Macht, und alle Macht ist ihrem Wesen nach aggressiv. Vergewaltigung ist der Kampf der männlichen Macht gegen die Macht des Weiblichen. Das ist ebensowenig entschuldbar wie Mord oder irgendeine andere Verletzung der bürgerlichen Rechte des einzelnen. Die Gesellschaft bietet der Frau Schutz vor Vergewaltigung und ist nicht etwa, wie einige Feministinnen absurderweise behaupten, schuld daran, daß es Vergewaltigungen gibt. Vergewaltigung ist der sexuelle Ausdruck des Willens zur Macht, den die

Natur uns allen eingepflanzt hat und zu dessen Bändigung die Zivilisation entstanden ist. Deshalb hat der Vergewaltiger eher zuwenig als zuviel Sozialisation erfahren. Weltweit gibt es erdrückende Belege dafür, daß in Zeiten gesellschaftlicher Anarchie, etwa zu Zeiten des Kriegs oder der Pöbelherrschaft, sogar zivilisierte Männer unzivilisierte Handlungen begehen, wozu auch die Barbarei der Vergewaltigung zählt.

Die latenten Vorstellungen vom Körper bewirken, daß es immer wieder Vergewaltigungen geben wird, die ja nur ein graduell verstärkter Ausdruck der sexuellen Grundfiguren sind. Wenn ein Mädchen seine Jungfräulichkeit verliert, so ist das in einem gewissen Sinn immer eine gewalttätige Verletzung seiner Unversehrtheit und Identität. Defloration *ist* Destruktion. Aber Gewalt und Destruktion sind schöpferische Mittel der Natur. Die häufigste Gewalttat in der Welt ist der Geburtsakt, der verbunden ist mit entsetzlichen Schmerzen und Blutvergießen. Die Natur putscht die Männer durch entsprechende Hormone auf, damit sie es mit dem lähmenden Mysterium Frau aufnehmen können, vor dem sie andernfalls entsetzt zurückweichen würden. Als Herrin der Geburt ist die Frau bereits übermächtig. Männliche Hormone bewirken Lust und Aggression zugleich. Wer das bezweifelt, hat wahrscheinlich nie längere Zeit mit Pferden verbracht. Hengste sind derart gefährlich, daß sie in ihren Boxen hinter Schloß und Riegel gehalten werden müssen; kaum verschnitten, sind sie so zahm, daß sie Kindern als Reittier dienen können. Die Diskrepanz bei Menschen ist nicht ganz so gewaltig, aber sie ist größer, als Rousseauisten gerne glauben möchten. Je mehr Testosteron, um so aktiver die Libido. Je dominanter das Männchen, um so häufiger seine Beiträge zur Fortpflanzung. Sogar mikroskopisch betrachtet ist die männliche Fruchtbarkeit nicht nur eine Frage der Zahl der Spermien, sondern auch ihrer Agilität, das heißt ihrer ständigen Bewegung: Sie erhöht die Chance einer Befruchtung der Eizelle. Spermien sind Sturmtruppen en miniature, die Eizelle dagegen die einsame Zitadelle, die erstürmt werden muß. Schwache oder passive Spermien werden da nichts bewirken. Die Natur belohnt Energie und Aggressivität.

Entweihung und Verletzung sind Bestandteil

des wilden Charakters der Sexualität, der sich nie mit der allgemeinen Milde und Güte liberaler Theorien vertragen wird. Jedes musterhafte, moralischen oder politischen Normen entsprechende Sexualverhalten *wird* die Natur, kraft ihres dämonischen Gesetzes, unterlaufen. Zu jeder Stunde eines jeden Tages wird irgendwo irgendeine Scheußlichkeit verübt. Der Feminismus, der seine Argumente aus der »sanfteren weiblichen Perspektive« gewinnt, übersieht völlig die Blutrunst der Vergewaltigung, die Freude an Gewalt und Zerstörung. Von einer Ästhetik und Erotik der Profanierung – von der Lust am Bösen, von einer Sinnenlust, die durch Grausamkeit und Folter angeregt wurde – legen de Sade, Baudelaire und Huysmans Zeugnis ab. Frauen mögen weniger zu solchen Phantasien neigen, weil ihnen das physische Instrumentarium zur sexuellen Gewalttätigkeit fehlt. Sie kennen nicht die Versuchung, mit Gewalt in das Heiligtum eines anderen Körpers einzudringen.

Die Pornographie erweitert unsere Kenntnis solcher Phantasien. Deshalb sollte man sie tolerieren, auch wenn es sinnvoll sein mag, ihre öffentliche Darbietung einzuschränken. Die Tätigkeit der Phantasie kann und darf nicht polizeilich überwacht werden. Die Pornographie zeigt uns das dämonische Herz der Natur, jene unzerstörbaren Kräfte, die unter und hinter den gesellschaftlichen Konventionen am Werk sind. Pornographie läßt sich nicht trennen von der Lust; die beiden durchdringen sich weit mehr, als die humanistische Kunstkritik zuzugeben bereit ist. Geoffrey Hartman stellt zu Recht fest: »Große Kunst ist immer von ihren dunklen Schwestern, der Blasphemie und der Pornographie, flankiert.«[6] Selbst *Hamlet*, das wichtigste Werk des Westens, ist voller Schlüpfrigkeiten. Den Sadisten aller Zeiten, von Nero und Caligula bis zu Gilles de Rais und den nationalsozialistischen Lagerkommandanten, hat nicht erst die Pornographie zu ihren grausamen Einfällen verhelfen müssen. Der teuflische Geist des Menschen reicht vollauf.

Glücklich die Zeiten, in denen Ehe und Religion festgegründete Institutionen sind. System und Ordnung bieten uns Schutz gegen Sexualität und Natur. Leider leben wir in einer Zeit, in der das efon-Durchwahl Datum

9) 80 64-

Chaos der Sexualität offen ausgebrochen ist. G. Wilson Knight bemerkt: »Das Christentum trat ursprünglich als eine Bewegung auf, die im Namen einer geheiligten Menschheit Tabus niederriß; aber die Kirche, die daraus hervorging, hat es bis heute nicht vermocht, den heidnischen bösen Zauber der Sexualität zu christianisieren.«[7] Wenn die Geschichtsschreibung behauptet, die jüdisch-christliche Tradition habe die heidnische Welt überwunden, dann ist dies ihr grellstes Fehlurteil. Denn die heidnische Welt hat in den tausend Formen der Sexualität, der Kunst und heute der modernen Medien überlebt. Das Christentum hat eine Anpassungsleistung nach der anderen vollzogen, um sich seinen Widerpart (wie in der italienischen Renaissance) auf ingeniöse Weise einzuverleiben und seine Lehre in Einklang mit den Zeitläuften immer weiter zu verwässern. Aber ein kritischer Punkt ist erreicht. Mit dem Wiedererstehen der Götter in den Idolatrien der Massenkultur, mit dem Aufbrechen von Sexualität und Gewalt an allen Ecken und Enden der allgegenwärtigen Massenmedien sieht sich die jüdisch-christliche Tradition der größten Herausforderung seit ihrer

Auseinandersetzung mit dem Islam im Mittelalter gegenüber. Die latente heidnische Tradition in der Kultur des Westens bricht in ihrer ganzen dämonischen Lebendigkeit erneut hervor.

Das Heidentum hat sich nie durch die zügellose sexuelle Libertinage ausgezeichnet, die das junge, kampflustige Christentum ihm nachsagte. Die Orgien gelangweilter spätrömischer Aristokraten als typisch für die heidnische Antike anzusehen wäre ebenso ungerecht, wie die Sünden abtrünniger Priester oder die vatikanischen Lustbarkeiten eines Papst Alexanders VI. für typisch christlich zu erklären. Die wirkliche Orgie war eine Zeremonie im Rahmen der chthonischen Mutterkulte, zu denen Sexualität und Blutvergießen gleichermaßen gehörten. Das Heidentum achtete und fürchtete die Dämonie der Natur, und es beschränkte den sexuellen Ausbruch durch rituelle Formen. Obwohl es eine Fortentwicklung der dionysischen Mysterienkulte war, suchte das Christentum ausgerechnet die Natur zugunsten eines transzendenten Jenseits zu unterdrücken. Der einzige Umgang mit der Natur, den das Christentum seinen Anhängern gestattete, war eine durch die Ehe geheiligte Sexualität. Die chthonische Natur in Gestalt großer weiblicher Gottheiten war der furchterregendste Gegner des Christentums. Das Christentum funktioniert am besten, wenn ehrwürdige Institutionen wie das Mönchtum oder das allgemeine christliche Ehegebot die sexuelle Energie in positive Richtung bündeln. Es funktioniert am schlechtesten, wenn, wie heute der Fall, die Sexualität ständig aus anderen Richtungen Anregung erfährt. Keine transzendente Religion kann mit der spektakulären heidnischen Direktheit und Unmittelbarkeit medialer Fleischeslust konkurrieren. Unsere Augen und Ohren werden überflutet vom Taumel der Lust.

Die heidnisch-rituelle Identifizierung von Sexualität und Gewalt ist das große Veto der Massenmedien gegen den selbstgefälligen Rousseauismus moderner Menschenfreunde. Die kommerzialisierten Medien mit ihrer direkten Abhängigkeit vom Publikumsgeschmack haben sich der Kontrolle der freiheitlich-fortschrittlichen Zensoren, die über die Buchkultur eine so lange Herrschaft ausgeübt haben, entzogen. In Film, Schlager und Werbung treffen wir alle die dämonischen Mythen und sexuellen Stereotypen der heidnischen Antike wieder, die sämtliche Reformbewegungen, vom Christentum bis hin zum Feminismus, nicht haben ausrotten können. Die Geschlechter befinden sich im ewigen Kriegszustand. Im männlichen Geschlecht steckt eine besondere Aggressivität, ein Moment von »Aufspüren und Vernichten«, das immer ein Vergewaltigungspotential bilden wird. Im weiblichen Geschlecht steckt ein Wille zur Vereinnahmung, eine unterschwellige Neigung zur Manipulation, die auf die physische und emotionale Infantilisierung des männlichen Geschlechts zielt. Im Zusammenhang mit seiner Theorie der Urszene bemerkt Freud, ein Kind, das seine Eltern beim Geschlechtsakt belausche, glaube, daß der Vater der Mutter weh tue und die Lustlaute der Mutter Schmerzensschreie seien. Männer grunzen meistens nicht einmal. Aber die merkwürdigen Schreie der Frau beim Geschlechtsakt kommen direkt aus der chthonischen Tiefe. Die Frau ist eine Mänade, die im Begriff steht, ihr Opfer zu zerreißen. Die Sexualität ist ein unheimlicher Augenblick ritueller Beschwörung, in dem wir das Weibliche mit barbarischem Triumphgeschrei den Sieg des Willens feiern hören. Der eine Sieg löst sich im anderen auf. Der Sieger wird zum Besiegten.

Jede menstruierende oder gebärende Frau hat es zurück an jene fernen, heidnisch-barbarischen Meeresgestade verschlagen, von denen wir nie völlig losgekommen sind. In den Straßen jeder Großstadt stehen Vertreterinnen des ältesten Gewerbes der Welt, der Prostitution, und sprechen aller Sexualmoral Hohn. Sie sind das dämonische Gesicht der Natur, Eingeweihte der heidnischen Mysterien. Die Prostitution ist nicht nur ein Dienstleistungsgewerbe, das den Überschuß an männlicher Triebnachfrage wegschafft, der das weibliche Angebot stets übersteigt. Die Prostitution ist vielmehr Zeichen im Machtkampf, den die Sexualität mit der Moral austrägt und den die Religion nie hat beenden können. Prostituierte, Pornographieproduzenten sowie beider Kunden sind Marodeure in den Wäldern der archaischen Nacht.

Daß die Natur auf die Geschlechter in unterschiedlicher Weise einwirkt, zeigt sich in der heutigen Homosexualität bei Männern und Frauen: Dort wird offenbar, wie die Geschlechter sich verhalten, wenn sie außerhalb der gesellschaftlichen Konvention und der Beziehung zum jeweils anderen Geschlecht stehen. So zeigen Statistiken über die Häufigkeit des Geschlechtsverkehrs einen überentwickelten Geschlechtstrieb beim Mann, eine starke Rückzugsneigung bei der Frau. Der männliche Homosexuelle hat häufiger Geschlechtsverkehr als der heterosexuelle Mann, die homosexuelle Frau hingegen weniger als die heterosexuelle Frau; gemeinsam ist beiden der sexuelle Nonkonformismus, in ihrer Praxis unterscheiden sich die beiden Geschlechter völlig. Männliche Aggressivität und Lustsuche sind die energieerzeugenden Kulturfaktoren. Mit ihrer Hilfe überleben die Männer in der gottlosen Unermeßlichkeit der weiblichen Natur.

Die alte »Doppelmoral« gestattete Männern eine sexuelle Freiheit, die Frauen verwehrt blieb. Marxistische Feministinnen führen den historischen Kult um die Jungfräulichkeit auf den Wert zurück, den die Frau als Ware auf dem männlichen Heiratsmarkt hatte. Ich möchte dagegen behaupten, daß es für Doppelmoral eine biologische Grundlage gab und gibt. Die ersten medizinischen

Berichte über die Krankheit, der männliche Homosexuelle zum Opfer fallen, gaben zu verstehen, am meisten gefährdet seien Männer mit tausend wechselnden Geschlechtspartnern im Laufe eines Lebens. Ungläubiges Rätseln: Wer mochte gemeint sein? Unnütze Aufregung, jeder kannte einen von ihnen. Es handelte sich um ernsthafte, nette, gebildete Männer, keine Zuhälter- und Schlägertypen. Was für ein Abgrund trennt die Geschlechter! Hören wir auf, so zu tun, als sei Sexualität für alle das gleiche, und stellen wir uns der Tatsache der ungeheuren geschlechtlichen Dualität.

Männliche Sexualität ist der Roman von Ausfahrt, Suche und Abenteuer. Promiskuität bei Männern mag vielleicht die Liebe entwerten, aber sie schärft das Denken. Promiskuität bei Frauen ist Krankheit, ständiger Identitätsverlust. Die promiskuitive Frau ist innerlich verderbt und unfähig zu klaren Vorstellungen. Sie hat die rituelle Integrität ihres Körpers zerstört. Dominante Männer zu einer wahllosen Ausbreitung ihres Spermas zu bringen, liegt ganz und gar im Interesse der Natur. Aber ebensosehr zieht die Natur Nutzen aus weiblicher Reinheit. Selbst in der emanzipierten oder lesbischen Frau bleibt immer eine biologische Hemmung, die ihr zuraunt, den Geburtskanal sauber zu halten. Indem sie besonnene Zurückhaltung übt, schützt sie einen unsichtbaren Fötus. Vielleicht ist das der Grund für das archaische Grauen (keineswegs nur eine gesellschaftlich induzierte Angst), das viele ansonsten beherzte Frauen angesichts von Spinnen und anderen schnell krabbelnden Insekten befällt. Die Frauen halten sich bereit, weil der weibliche Körper ein Reservebecken ist, eine jungfräulich stille Wasserstelle, bereitgehalten für den Fötus. Männliche Verfolgung und weibliche Flucht sind nicht einfach nur ein Gesellschaftsspiel. Die doppelte Moral gehört vielleicht zu den organischen Gesetzmäßigkeiten der Natur.

Die Ausfahrt des männlichen Geschlechts ist ein Kampf zwischen Identität und Vernichtung. Eine Erektion ist Ausdruck der Hoffnung auf Objektivität, auf die Macht, als Subjekt frei handeln zu können. Aber auf dem Gipfelpunkt seines Erfolgs zieht die Frau den Mann an ihren Busen zurück, saugt seine Energie auf und erstickt sie.

Freud sagt: »Der Mann fürchtet, vom Weibe geschwächt, mit dessen Weiblichkeit angesteckt zu werden und sich dann untüchtig zu zeigen.«[8] Das Maskuline muß Tag für Tag gegen seine Effeminierung ankämpfen. Frau und Natur stehen jederzeit auf dem Sprung, den Mann wieder zum kleinen Jungen und Kind werden zu lassen.

Vom Geschlechtsverkehr bis zur Menstruation und zur Geburt – die Verlaufsform der Sexualität ist konvulsiv: Spannung und Entspannung, Krampf, Kontraktion, Ausstoßung, Entbindung. Der Körper windet sich in schlangenartigen Schwell- und Häutungsbewegungen. Sexualität ist nicht das Lustprinzip, sondern das dionysische Verfallensein an Lust und Schmerz. Immer wieder ist sie darauf aus, *Widerstand zu brechen*, den Widerstand des eigenen Körpers und den Widerstand der geliebten Person; darum bleibt Vergewaltigung als Gefahr gegenwärtig. Die männliche Sexualität ist Zwang zur Wiederholung: Was immer ein Mann in den Kommentar seiner phallischen Projektionen hineinschreibt, er muß es wieder und wieder hineinschreiben. Der sexuelle Mann ist der Zauberer, der die Dame zersägt, aber Kopf und Schwanz der Schlange leben weiter und vereinigen sich wieder. Die Projektion ist der Fluch des Mannes: ständig braucht er etwas oder jemanden, damit er vollständig ist. Hier liegt einer der Ursprünge der Kunst, hier lüftet sich das Geheimnis ihrer historischen Beherrschung durch den Mann. Dem Künstler-Mann gelingt es noch am ehesten, es der Frau in ihrer großartigen Selbstgenügsamkeit nachzutun. Aber der Künstler ist abhängig von seiner Kunst, seiner Projektion. Ein blockierter Künstler wie Leonardo leidet Qualen der Verdammnis. Das berühmteste Gemälde der Welt, die *Mona Lisa,* hält die selbstgenügsame Abseitsstellung der Frau fest, ihr vieldeutiges, spöttisches Lächeln angesichts der Eitelkeit und Verzweiflung ihrer vielen Söhne.

Alles Große in der Kultur des Westens ist dem Kampf mit der Natur entsprungen. Der Westen und nicht der Osten hat die grauenvolle Brutalität des Naturprozesses wahrgenommen, die Beleidigung für den Geist, die in der blinden Schwerfälligkeit der sich wälzenden, mahlenden Materie steckt. Im Selbstverlust finden wir nicht die Liebe oder Gott, sondern er ist uns gleichbedeutend mit dem Versinken im Urschlamm. Diese Eingebung geht auf das Konto des westlichen Mannes, der sich durch den Rhythmus der Gezeiten zurück zur ozeanischen Mutter gezogen fühlt. Seiner Auflehnung gegen diesen dämonischen Sog verdanken wir die großen Gebilde unserer Kultur. Das Apollinische in seiner Kälte und Absolutheit ist der sublime Widerstand, den der Westen leistet. Das Apollinische ist eine vom Mann gezogene Linie, um sich gegen die alles Menschenmaß sprengende Gewaltigkeit der weiblichen Natur abzugrenzen.

Alles in der Natur ist im Fluß. Wir glauben Gegenstände zu sehen, aber unsere Blicke sind träge und voreingenommen. Die Natur blüht und welkt in langen, schwellenden Atemzügen, hebt und senkt sich in ozeanischer Dünung. Ein Geist, der sich vollständig, ohne gefühlsmäßige Reserve, der Natur öffnete, würde in ihrem rohen Materialismus, ihrem erbarmungslosen Überfluß untergehen. Ein mit Früchten überladener Apfelbaum: was für ein friedlicher, reizender Anblick. Aber setzen wir die rosarote Brille unseres Humanismus ab und schauen wir noch einmal hin. Dann sehen wir, wie die Natur schäumt und überquillt, sehen, wie sie ihre Samenblasen unablässig heraussprudelt und in jenem unmenschlichen Kreislauf aus Verschwendung, Fäulnis und Metzelei zerplatzen läßt. Von den dichtgepackten glasigen Körnern des Fischrogens bis zu den gefiederten Keimen, die sich aus platzenden grünen Schoten in alle Winde zerstreuen, ist die Natur ein wimmelndes Hornissennest aus Aggression und verschwenderischer Überproduktion. Dies ist die chthonische schwarze Magie, von der wir als sexuelle Wesen infiziert sind; dies ist die dämonische Identität, die das Christentum mit dem so unzulänglichen Begriff der Erbsünde belegt und von der es uns glaubt reinigen zu können. Die fruchtbare Frau ist für das Christentum das größte Ärgernis; sie steht seinem katholischen Anspruch am meisten im Weg, wie die dem Wunschdenken entsprungenen Lehren von der unbefleckten Empfängnis und der jungfräulichen Geburt bezeugen. Die Fruchtbarkeit der chthonischen Natur ist ein Stein des Anstoßes für alle westliche Metaphysik und für jeden einzelnen Mann in seiner Suche nach Identität, die ihn aus der Abhängigkeit von der

Mutter befreit. Natur ist exzessiv überschäumendes Sein

Die wirksamste Waffe gegen das Fließende der Natur ist die Kunst. Religion, Ritual und Kunst bildeten ursprünglich eine Einheit, und ein religiöses oder metaphysisches Element wohnt aller Kunst nach wie vor inne. Kunst, ganz gleich, wie minimalistisch sie verfährt, ist niemals bloßer Entwurf. Sie ist stets auch rituelle Umgestaltung der Realität. Jedes künstlerische Unternehmen, egal, ob es in einen stabilen kollektiven Rahmen eingebettet ist oder sich als unstete Einzelaktion darbietet, ist inspiriert von Angst. Was immer die Kunst vergegenständlicht und verklärt, es ist bedroht von seinem Gegenteil. Kunst *schließt ein*, um *auszuschließen*. Kunst läßt das Perpetuum mobile der Natur stillstehen. Der erste Künstler war ein Stammespriester, der einen Bann sprach und die dämonische Kraft der Natur in einem Augenblick stiller Betrachtung fixierte. Diese Fixierung ist zentrales Merkmal aller Kunst, Fixierung durch Ruhigstellen und durch Fesseln. Noch der moderne Künstler, der nur einen Strich quer über das Blatt zieht, bemüht sich, irgend etwas in der Welt, das sich nicht bändigen lassen will, dennoch festzuhalten: Kunst ist zauberkräftiger Bann. Sie bannt die Zuschauer auf ihre Plätze, läßt den Betrachter gebannt vor einem Bild stehenbleiben, schlägt den Leser in den Bann eines Buchs. Betrachtung ist eine Zauberhandlung.

Kunst ist Ordnung. Aber Ordnung muß nicht unbedingt gerecht, gut oder schön sein. Ordnung kann willkürlich, hart und grausam sein. Kunst hat nichts mit Moral zu tun. Fragen der Moral mögen eine Rolle spielen, aber sie sind nebensächlich, dienen nur dazu, ein Kunstwerk in einer bestimmten Zeit und an einem bestimmten Ort anzusiedeln. Vor der Aufklärung war Kunst religiös: hieratisch und zeremoniell. Nach der Aufklärung mußte Kunst sich ihre eigene Welt schaffen, in der als neues Ritual der künstlerische Formalismus an die Stelle der religiösen allgemeinverbindlichen Formen trat. Wie die englische Literatur des achtzehnten Jahrhunderts zeigt, ist es eher die Ordnung im Moralischen als das Moralische in oder an der Ordnung, was die Künstler anzieht. Nur die freiheitlich-fortschrittlichen Utopisten konnten sich darüber wundern, daß unter den Nationalsozialisten Kunstkenner waren. Besonders heute, wo die große Kunst an den Rand der Kultur gedrängt ist, wird das Aggressive und Zwanghafte der Kunst deutlich. Der Künstler schafft nicht Kunst, um die Menschheit zu erretten, sondern weil er sich selber retten möchte. Jede menschenfreundliche Äußerung eines Künstlers ist Dunst, den er verbreitet, um seine Spur zu verwischen, die Blutspur seines Ausfalls gegen die Natur und die anderen.

Kunst ist ein Temenos, ein heiliger Ort. Sie ist rituell rein, ein gefegter Boden, die Tenne, die die erste Bühne fürs Theater war. Was immer in diesen Raum eintritt, wird verwandelt. Von den Wisenten der Höhlenmalerei bis zu den Hollywood-Filmstars, die dargestellten Wesen treten in ein anderes, ein kultisches Leben ein, aus dem sie vielleicht nie mehr auftauchen. Sie sind verzaubert. Kunst ist ein Opferzusammenhang, der die ihm eigene Aggressivität sowohl gegen den Künstler als auch gegen das Dargestellte richtet. Nietzsche sagt: »Fast alles, was wir ›höhere Kultur‹ nennen, beruht auf der Vergeistigung und Vertiefung der Grausamkeit.«[9] Die unablässigen Morde und Katastrophen in der Literatur sind fürs betrachtende Genießen da, nicht zur moralischen Erbauung. Ihr Status als Dichtung, ihre Entrückung in einen heiligen Bezirk, erhöht unser Vergnügen, weil dadurch sichergestellt ist, daß Betrachtung nicht in Handlung umschlagen kann. Kein Aufschrei eines mitleidigen Zuschauers kann an der kalten Unaufhaltsamkeit jenes hieratischen Rituals etwas ändern, das jedes Mal wieder seinen Lauf nimmt. Das einmal vergossene Blut wird immer wieder fließen. Rituale in der Kirche oder im Theater sind amoralische Verdichtungen, die dadurch, daß sie Gefühle in Form bringen und erstarren lassen, Angst zerstreuen. Das Ritual der Kunst ist das grausame Gesetz des in Lust verwandelten Schmerzes.

Die Kunst *vergegenständlicht*. In der Natur gibt es, wie gesagt, keine Gegenstände, nur den mörderischen Fraß der Naturkraft, ihr zerstückelndes, zersetzendes, zermahlendes Wirken, ihre Verflüssigung aller Materie zu jener dicken Ursuppe, aus der neue, nach Leben gierende Formen springen. Dionysos wurde mit Flüssigem identifiziert – mit Blut, Saft, Milch, Wein: das Dionysische ist das chthonische Flüssigsein der Natur. Apollon hingegen verleiht Form und Gestalt, grenzt das eine Wesen gegen das andere ab. Alle Kunsterzeugnisse sind apollinisch. Schmelzen und Zusammenfließen sind dionysisch, Trennen und Vereinzeln apollinisch. Jeder Knabe, der seine Mutter verläßt, um zum Mann zu werden, kehrt das Apollinische gegen das Dionysische. Jeder Künstler, den es zur Kunst drängt, der, wie andere atmen, Wörter oder Bilder formen muß, benutzt das Apollinische, um die chthonische Natur zu überwinden. In der Sexualität müssen die Männer einen Kompromiß zwischen Apollon und Dionysos suchen. Im Sexuellen kann die Frau indirekt und undurchsichtig bleiben, sie kann frei von Aufruhr oder Konflikt Lust empfinden. Die Frau ist der Temenos ihrer eigenen dunklen Geheimnisse. Genital gesprochen, hat der Mann ein kleines Ding, das er wieder und wieder in das dionysische Lösungsmittel tauchen muß – ein riskantes Geschäft! Dinge schaffen, für den Erhalt von Dingen sorgen, ist wesentlicher Teil der Erfahrung des Mannes. Der Mann ist Fetischist. Ohne seinen Fetisch würde die Frau ihn einfach wieder verschlingen.

Deshalb die Vormachtstellung des Mannes in Kunst und Wissenschaft. Die orientierende Einstellung, Zielgerichtetheit des Mannes, seine Konzentration und Projektion, die ich mit den Vorgängen des Urinierens und Ejakulierens zusammengebracht habe, sind seine Waffen im Überlebenskampf der Geschlechter. Zum endgültigen Sieg haben sie ihm indes nie verholfen. Die Angst bleibt im Bereich der sexuellen Erfahrung so groß wie eh und je. Diese versucht der Mann durch den Kult um die weibliche Schönheit abzumildern. Er ist erotisch auf die weiblichen »Formen« fixiert, auf jene schwammigen, mütterlichen Fettablagerungen der Brüste, Hüften und Hinterbacken, die ironischerweise die wasserhaltigsten und nachgiebigsten Teile ihres Körpers sind. Im schwellenden Körper der Frau wird das wogende Meer der chthonischen Natur Gestalt. Indem er sich auf das Gestalthafte konzentriert und aus der Frau ein Sexualobjekt macht, bemüht sich der Mann darum, das gefürchtete Fließen der Natur zum Stillstand zu bringen oder zu kanalisieren. Objektivieren ist Vorstellbarmachen: die höchste menschliche Fähigkeit. Nur Menschen machen aus ihresgleichen Sexualobjekte. Diese Besonderheit der menschlichen Gattung wird bleiben, weil sie mit dem Kunsttrieb verschränkt ist und unter Umständen mit ihm identisch wird. Ein Sexualobjekt ist die in rituelle Form gezwängte Natur. Es ist ein Totem unserer wilden Phantasie.

Die apollinische Vergegenständlichung bildet die wichtigste Entwicklungslinie unserer westlichen Zivilisation, die sich vom alten Ägypten bis in die Gegenwart erstreckt. Jeder Versuch, diesen Aspekt unserer Kultur zu unterdrücken, ist letztlich gescheitert. Als erste wandte sich die jüdische Religion gegen die heidnische Götzenbildnerei, dann das Christentum. Aber das Christentum, das, verglichen mit dem Judentum, zu viel universellerer Wirkung kam, wurde zu einer so von Bildern befrachteten, von Bildern beherrschten Religion wie keine andere in der Welt. Die Vorstellungskraft ist stets das Heilmittel für die Mängel der Religion. Die härteste Nuß für die apollinische Vergegenständlichung ist das westliche Individuum, jenes betörende, strebende, eigenwillige Ich, das mit der *Ilias* in die Literatur Einzug hielt, das aber, wie ich zeigen werde, bereits in der Kunst des ägyptischen Pharaonenreichs in Erscheinung trat.

Das Christentum, das den weltlichen Glanz der heidnischen Antike auslöschte, suchte die Spiritualität zur Hauptsache zu erheben. Doch am Ende bekräftigte diese streitbare Sekte nur die dem Westen eigentümliche, absolutistische Ich-Struktur. Der Held der mittelalterlichen *ecclesia militans,* der Ritter in schimmernder Rüstung, ist das apollinische *Ding* schlechthin. Kunstwissenschaftliche Bücher müssen neu geschrieben werden: Es führt ein direkter Weg von der Skulptur der Griechen und Römer über die mittelalterliche Ritterrüstung zur Wiedergeburt der Klassik in der Renaissance. Waffen und Harnisch sind keine handwerklichen Produkte, sondern Erzeugnisse der Kunst: symbolträchtige Verkörperungen des westlichen Individuums. Die Rüstung ist das im mittelalterlichen Christentum fortlebende heidnische Erbe. Seit die Renaissance das sinnliche, idolatrische Kunstschaffen der Klassik wieder freigesetzt hat, steht der heidnische Traditionsstrang wieder in voller Blüte. Die Ansicht, daß die abendländische Tradition mit dem Ersten Weltkrieg zusammengebrochen sei, gehört zu den kurzsichtigen Unkereien der Fortschrittsgläubigen. Ich werde zeigen, daß die Hochkultur sich durch den neurotischen Nihilismus des Modernismus selbst entkräftet hat. So konnte die moderne Massenkultur zum Haupterben der abendländischen Vergangenheit werden. Der Film ist das eigentliche apollinische Genre, dingerzeugend und von Dingen erzeugt, ein göttlicher Apparat.

Der Mann, der sexuelle Ideenbildner und Entwerfer, hat die Kunst zu seiner Sache gemacht, weil die Kunst seine apollinische – Hinwendung und Flucht vereinende – Reaktion auf die Frau ist. Ein Sexualobjekt ist etwas, worauf man zielen kann. Der Blick ist Apollons Pfeil, der dem Transzendenzbogen folgt, den ich im Urinieren und in der Ejakulation wiedererkannte. Der westliche Blick ist ein Projektil, das *hinaus*zielt – in jene Wildnis, auf die das männliche Sein sich richtet. Nicht zufällig wurden zuerst in Europa Feuerwaffen erfunden für das Schießpulver, das Jahrhunderte vorher von Chinesen erfunden wurde, die aber nicht viel damit anfangen konnten. Phallische Aggression und Projektion sind wesentlicher Bestandteil der westlichen Ideenbildung. Pfeil, Blick, Gewehr, Filmapparat: der blendende Strahl des Filmvorführgeräts ist unsere moderne apollinische Transzendenzbahn. Im Film gipfelt die Karriere des besessen mechanistischen, männlichen Strebens in der westlichen Kultur. Der filmische Projektionsapparat ist ein apollinisches Schnellfeuergewehr, das den Zusammenhang zwischen Aggression und Kunst sinnfällig macht. Jeder Bildrahmen ist eine rituelle Beschränkung, ein abgegrenzter Bezirk. Die rechteckige Filmleinwand folgt eindeutig dem Vorbild des gerahmten Gemäldes der Renaissancezeit. Doch ist jede Ideenbildung Gestaltung durch Einfassung.

Die Geschichte der Kleidung ist Teil der Kunstgeschichte, wird aber leider nur zu häufig als journalistisches Accessoire zur eigentlichen Wissenschaft betrachtet. Mode ist jedoch keineswegs etwas Belangloses. Schönheitsnormen sind Idealvorstellungen, die jede Kultur entwirft. Sie verraten uns alles. Frauen sind die vornehmsten Opfer der ewig wechselnden Mode, die ihnen auf ein ungreifbares Geheiß die Füße wickelt oder die Brüste einschnürt. Und doch ist die Mode nicht einfach ein weiterer politischer Unterdrückungsmechanismus; von daher fließt kein Wasser auf die Mühlen des feministischen Klagelieds. Schönheitsnormen, von Männern geschaffen, aber in der Regel auch von Frauen akzeptiert, weisen die archetypischen sexuellen Reize der Frau in rituelle Schranken. Mode ist das nach außen gekehrte, dämonisch Unsichtbare der Frau, ihr genitales Geheimnis. Sie zeigt dem apollinischen Blick des Mannes, was dieser Blick anders nicht zu sehen vermöchte. Schönheit ist ein Rahmen, der apollinische Starre bewirkt: Sie arretiert und verdichtet das Fließende und Unbestimmte der Natur. Sie erlaubt dem Mann zu handeln, indem sie das, was er fürchtet, begehrenswert macht.

Die Macht des Blicks in der westlichen Kultur ist längst nicht hinreichend gewürdigt, gar untersucht worden. Die Asiaten schätzen die Augen gering und legen Wert auf ein mystisches drittes Auge, symbolisiert durch den roten Punkt auf der Stirn des Hindus. Im Osten, der das Selbst mit der Gruppe identifiziert, ist die Person nichts Authentisches. Die östliche Meditation verwirft die historische Zeit. Wir haben eine vergleichbare religiöse

Tradition: Die paradoxen Grundsätze östlicher und westlicher Mystiker und Dichter sind häufig ununterscheidbar. Buddhismus und Christentum stimmen in ihrer Ansicht von der dinglichen Welt als *samsara*, als täuschendem Schein, überein. Aber der Westen hat noch eine andere Tradition, die heidnische; sie kulminiert im Film. Der Westen macht auch aus Individuum und Geschichte numinose Objekte der kontemplativen Schau. Das westliche Individuum ist ein Werk der Kunst, sein Schauplatz ist die Geschichte. Das 20. Jahrhundert ist nicht das Zeitalter der Angst, sondern das Zeitalter Hollywoods. Der heidnische Kult der Persönlichkeit hat die gesamte Kunst und alles Denken zu neuem Leben erweckt und beherrscht sie. Das Kultobjekt ist moralisch hohl, aber von ritueller Abgründigkeit. Wir verehren es kraft des westlichen Blicks; Filmleinwand und Fernsehschirm sind seine heiligen Bezirke.

Die Kultur des Westens hat einen vagabundierenden Blick. Die männliche Sexualität ist immer auf der Jagd, läßt den Blick immer schweifen: junge Männer, die sich aus hupenden Autos lehnen und vor flanierenden Mädchen den Affen machen; Männer in der Mittagspause auf dem Baugerüst, die eine primitive Litanei aus gellenden Pfiffen und animalischen Schnalzern herunterbeten. Ganz gleich wo, die schöne Frau findet sich mit Blicken examiniert und belästigt. Sie ist das höchste Symbol menschlichen Begehrens. Das Weibliche ist das, wonach wir auf der Suche sind; es entzieht sich unserem Zugriff. Das ist der Grund, warum auch der schöne junge Homosexuelle immer einen weiblichen Zug aufweist. Das Weibliche ist das sich ewig Entziehende, der Silberstreif am Horizont. Wir folgen diesem Bild mit verlangenden Blicken: vielleicht ist es dies, vielleicht gelingt es diesmal. Auf der Jagd nach Sexualität träumen wir vielleicht von der Befreiung von der Sexualität. Sexualität, Wissen und Macht sind untrennbar miteinander verwoben; keins ist ohne die anderen zu haben. Der Islam ist gut beraten, die Frauen in Schwarz zu hüllen, denn der Blick ist die Straße des Eros. Die in der westlichen Kultur fest umrissene, individuelle Person leidet an permanenter Entzündung des Blicks. Typen der Person gibt es so viele, daß sie, außer in der großen Porträtkunst, nie katalogisiert worden sind. Die westlichen Masken der Sexualität konzentrieren Macht, aber aus der Erotik haben sie eine Tortur werden lassen. Aus dieser wiederum ist unsere große Literatur- und Kunsttradition hervorgegangen. Unseligerweise gibt es keine Methode, den pfeifenden Schwachkopf auf seinem Baugerüst von dem meißelbewaffneten verzückten Visionär zu trennen. Um die Wohltaten der Kultur genießen zu können, müssen die Frauen wahrscheinlich auch deren Schattenseiten in Kauf nehmen.

Der jüdisch-christlichen Religion ist es nicht gelungen, den heidnischen Blick des Westens zu zügeln. Unsere Denkweisen wurden in Griechenland ausgebildet und an Rom vererbt, dessen Sprache bis zum heutigen Tage die offizielle Sprache der katholischen Kirche geblieben ist. Erkenntnisprozeß und Logik sind heidnisch. Jedem Erkennen geht ein Streifzug des Blicks voraus; hat der Blick erst seinen Streifzug begonnen, läßt er sich moralisch nicht mehr an die Kette legen. Auf Grund ihrer Angst vor dem Blick belegte die jüdische Religion die bildliche Darstellung mit einem Tabu. Die jüdische Religion stützt sich eher aufs Wort als aufs Bild. Das Christentum folgte ihr darin, bis es im Bemühen, die heidnischen Massen anzusprechen, ins Bildhafte abdriftete. Der Protestantismus entwickelte sich als bilderstürmerische Bewegung, mit der Absicht, die Götzenbilder der verderbten römisch-katholischen Kirche zu zerschlagen. Dem protestantischen Stil entspricht ein kahler, weißgekalkter Kirchenraum mit schlichten Fenstern. Der italienische Katholizismus kultiviert erfreulicherweise bis zum heutigen Tag die üppigste Bilderwelt, Erbschaft einer heidnischen Vergangenheit, die nie verlorenging.

Die heidnische Tradition ist blickintensiv. Sie gründet im kultischen Exhibitionismus, in dem Sexualität und Sadomasochismus eine Verbindung eingegangen sind. Die antiken chthonischen Mysterien sind nie aus der italienischen Kirche verschwunden. Wächserne Heiligenleichname unter Glas. Zertrümmerte Armknochen in goldenen Reliquienschreinen. Der halbnackte St. Sebastian, von Pfeilen durchbohrt. Santa Lucia mit ihren Augäpfeln auf einem Tablett – Blut, Folter, Ekstase, Tränen. Seine blutrünstige Sensationslust macht aus dem italienischen Katholizismus die emotional erschöpfendste Kosmologie in der Geschichte der Religionen. Italien hat den asketischen Glauben Palästinas um heidnische Sexualität und Gewalt ergänzt. Und das erstreckt sich auch auf Hollywood, das moderne Rom: heidnische Sexualität und Gewalt sind es, die in unseren Massenmedien wachsen und gedeihen. Die Kamera hat die dämonische Phantasie des Westens entfesselt. Der Film ist *Zurschaustellung* des Sexuellen, heidnisches Imponiergehabe. Handlung und Dialoge sind Wortballast, den man vergessen kann. Der Film, die augenhafteste aller Kunstgattungen, hat den kultischen Exhibitionismus der heidnischen Antike wiederhergestellt. Im Spektakel überlebt der heidnische Kult des Blicks.

So etwas wie ein »bloßes« Bild gibt es nicht. Die abendländische Kultur baut auf Wahrnehmungsbezügen auf. Von den emporstrebenden Götterprojektionen des antiken Himmelskults bis zu den hochgejubelten Werbeträgern der modernen Reklametechnik hat sich die westliche Identität immer an charismatischen Sexualcharakteren mit ordnungsstiftender Kraft orientiert. Jeder Gott ist ein Idol, tatsächlich ein »Bild« (lateinisch *idolum*, vom griechischen *eidolon*). Bild beschwört Sichtbarkeit. Das Visuelle wird in der heutigen Wissenschaft in ärgerlicher Weise unterschätzt. Die Kunstgeschichte hat ihr begriffliches Instrumentarium nicht entfernt so weit entwickelt wie die Literaturwissenschaft; bildende Kunst und Literatur werden wie eh und je nicht im Zusammenhang betrachtet. In ihrer Selbstüberheblichkeit hat die Literaturwissenschaft die Bedeutung der Sprache für die westliche Kultur weit überschätzt; sie hat die elektrisierende Kraft der Zeichensprache der Bilder übersehen.

Der Krieg zwischen jüdisch-christlicher Religion und heidnischer Tradition ist auch in den neuesten universitären Glaubenslehren noch im Gange. Freud mag als Jude eine gewisse Voreingenommenheit für das Wort mitgebracht haben. Meiner Meinung nach überschätzt die Freudsche Theorie den sprachlichen Charakter des Unbewußten und unterschätzt die großartige filmische Bildhaftigkeit des Traumlebens. Außerdem sind Überlegungen der Franzosen bezüglich der rationalistischen Schranken ihrer eigenen Kultur ungerechtfertigterweise auf England und Amerika übertragen worden, mit wenig befriedigenden Ergebnissen. Die englische Sprache wurde von Dichtern geschaffen und verdankt einer fünfhundertjährigen Gefühlsbewegung und Metaphernbildung diesen reichsten inneren Dialog der Weltliteratur. Die Modelle französischer Rhetorik sind zu beschränkt für die englische Tradition. Der verderblichste der aus Frankreich importierten Gedanken ist die Vorstellung, daß hinter einem Text kein Subjekt stehe. Was könnte es Eigenwilligeres, Aggressiveres und erbarmungslos Konkreteres geben als das Pariser Intellektuellensubjekt – ob Mann, ob Frau – hinter seinem/ihrem schwülstigen Text? Die Pariser sind Provinzielle, wenn sie vorgeben, das Universum zu Wort kommen zu lassen. Hinter jedem Buch steckt eine bestimmte Person mit einer bestimmten Geschichte. Über diese Person und ihre Geschichte kann ich nie genug wissen. Person (oder Individuum) ist Realität im Westen. Sie ist die jenseits des sprachlichen Bereichs sichtbare Verkörperung des Sexual- und Seelenlebens. Wir kennen sie dank der apollinischen Schau, dem heidnischen Kino der abendländischen Wahrnehmung. Bestehlen wir nicht das Auge, um das Ohr zu bereichern!

Der Kult ums Wort hat es der Wissenschaft schwer gemacht, sich mit dem radikalen kulturellen Wandel in unserer Zeit der Massenmedien auseinanderzusetzen. Die Akademiker tragen ständig Rückzugsgefechte aus. Die traditionellen Gattungsdisziplinen sind zum Untergang verurteilt. Die Geisteswissenschaften müssen ihre gegeneinander abgeschotteten Hoheitsgebiete räumen und in Begriffen der *Phantasie* neu zu denken beginnen, einer Macht, die Gattungsgrenzen überschreitet und die elitäre mit der populären Kunst, das Edle mit dem Gemeinen vereint. Die triumphale Entwicklung der Massenmedien stellt keinen Niedergang und keine Katastrophe dar, es ist eine Verschiebung vom Wort zum Bild – mit anderen Worten, eine Wiederkehr der heidnischen Bildhaftigkeit der Epochen vor Gutenberg und vor der Reformation.

Daß die Massenkultur zurückfordert, was die Hochkultur ausschließt, läßt sich klar und deutlich am Beispiel der Pornographie erkennen. Pornographie ist unverfälschter heidnischer Bilderkult. Gerade so, wie ein Gedicht ein rituell eingeschränkter, verbaler Ausdruck ist, so zeigt Pornographie als rituell eingeschränkter, visueller Ausdruck die Dämonie von Sexualität und Natur. Jede Einstellung, jeder Blickwinkel in der Pornographie, so albern, gestellt oder leblos das Bild wirken mag, ist einer von vielen Versuchen, *sich von der Ungeheuerlichkeit der chthonischen Natur als ganzer ein Bild zu machen.* Ist Pornographie Kunst? Sie ist es. Denn Kunst ist die Betrachtung und die Vorstellung, die rituelle Darbietung ursprünglicher Mysterien. Kunst gewinnt dem zerstörerischen Wirbel der Natur eine Ordnung ab. Kunst, sagte ich, ist voller Verbrechen. In der Häßlichkeit und Gewalt der Pornographie spiegelt sich die Häßlichkeit und Gewalt der Natur wider.

Pornographie in ihrer männlich bestimmten Unverhohlenheit läßt das Unsichtbare, die chthonische Innerlichkeit der Frau, sichtbar werden. Sie sucht apollinisches Licht in das erregende Dunkel der Frau zu bringen. In den vulgären Schlangenmenschposen der Pornographie bilden sich die schlangenhaften Windungen der medusischen Natur ab. Pornographie ist menschliche Phantasie in angespannter theatralischer Aktion; ihre Gewaltsamkeiten sind ein Protest gegen die Vergewaltigungen unserer Freiheit durch die Natur. Die Unterdrückung der Pornographie, um die sich die jüdisch-christliche Religion mit gutem Grund bemüht, wäre ein Sieg über das störrische Heidentum des Westens. Aber die Pornographie läßt sich nicht unterdrücken, nur in den Untergrund drängen, wo ihre Virulenz durch die Illegalisierung noch Verstärkung erfährt. Die amoralische Bildlichkeit der Pornographie wird als Vorwurf gegen den humanistischen Kult des erlösenden Worts für alle Zeiten fortbestehen. Worte können den unerbittlichen Fluß der heidnischen Natur nicht aufhalten.

Der westliche Blick schafft *Dinge*, Idole apollinischer Objektivierung. Die Pornographie bereitet vielen wohlmeinenden Menschen Unbehagen, weil sie das voyeuristische Moment isoliert, das in aller Kunst steckt, ganz besonders im Film. Alle Kunstcharaktere sind Sexualobjekte. Die emotionale Reaktion des Zuschauers oder Lesers läßt sich von der erotischen nicht trennen. Wie gesagt, als physische Wesen leben wir in einem dionysischen Kontinuum aus Lust und Schmerz. In jedem Moment sind wir durchdrungen von Sinneswahrnehmungen, sogar im Schlaf. Gefühlserregung ist Sinneserregung, ist sexuelle Erregung. Die Vorstellung, daß Gefühl sich abtrennen lasse von Sexualität, ist eine christliche Illusion; eine geniale, aber letztlich zum Scheitern verurteilte Strategie im uralten Feldzug des Christentums gegen die gottlose Natur. Agape, die spirituelle Liebe, gehört zu Eros, nur ist sie von zu Hause ausgerückt.

Wir umringen die Kunst als Voyeure, und unsere Reaktion auf sie enthält ein Moment sadomasochistischer Wollust. Kunst ist Skandal, wortwörtlich ein »Stolperstein« oder »Fallstrick« für allen Moralismus, gleich ob für die christlichen Rechten oder die rousseauistischen Linken. Pornographie und Kunst sind untrennbar, weil in allen Sinneswahrnehmungen, die wir als sehende, fühlende Wesen haben, ein Moment von Voyeurismus und gefräßiger Gier steckt. Am ausführlichsten entfaltet diese Gedanken *The Faerie Queene,* das Epos des Renaissancedichters Edmund Spenser. In diesem Gedicht, das in seinen strahlenden apollinischen Projektionen den Film vorwegnimmt, finden sich die latent voyeuristischen und sadomasochistischen Momente von Kunst und Sexualität im Übermaß dokumentiert. Die westliche Wahrnehmung ist ein dämonisches Schauspiel ritualisierter Überrumpelung. Und wenn wir in den dunklen Spiegel der Kunst schauen, wird uns wohl nicht alles gefallen, was wir zu sehen bekommen.

Sexualobjekt, Kunstwerk, Person: Die westliche Erfahrung ist monadisch und zerteilend. Sie stülpt dem ununterbrochenen Fluß der Natur ein Raster abgegrenzter Bereiche über. Wir haben apollinische Grenzen gezogen, die uns als rituelle Vorkehrungen gegen die Natur dienen; daraus erklären sich die komplizierten Strafgesetzbücher und die raffinierte Erotik der Überschreitung. Die Schwäche der radikalen Sexual- und Gesellschaftskritiker ist ihre Weigerung, wahrzunehmen, daß Sexualität eine rituelle Fesselung braucht, um ihren Dämonismus unter Kontrolle zu halten, und, zweitens, daß gesellschaftliche Unterdrückung die sexuelle Lust *erhöht*. Nichts ist weniger erotisch als ein FKK-Strand. Rituelle Schranken steigern das Begehren. Deshalb die Maskierung, das Geschirr und die Ketten des Sadomasochismus.

Die westlichen Kernzellen des Heiligen und des Kriminellen stellen einen kognitiven Fortschritt in der Geschichte der Menschheit dar. Zentrale mythische Gestalten sind für uns Faust, der sich in seinem Arbeitszimmer einschließt und Bücher studierend das Geheimnis der Natur ergründet, und Don Juan, der einen Lustkrieg führt und seine Eroberungen in apollinischen Größen festhält, nämlich zählt. Beide sind monadische Ich-Einheiten, Verführer und verbrecherische Wissende, in denen Sexualität, Denken und Aggressivität miteinander verschmolzen sind. Die westlichen, von der Natur getrennten Kernzellen sind Gehirn und Auge. Unsere festumrissene Individualität ist eine bildbesessene Projektion der apollinischen Großhirnrinde. Eine solche Maske (persona) repräsentiert sichtbar gemachte Vorstellungen. Jeder Gesichtsausdruck und jede Körperpose, die man bei tierischen Primaten antrifft, zeigen Anflüge des Maskenhaften. Während die japanischen Anstandsregeln den Gesichtsausdruck einschränken, hat die westliche Kunst seit der hellenistischen Zeit alle sich wandelnden Ausdrucksformen von Ironie, Angst, Zuwendung und Drohung getreulich nachgezeichnet. Das Abweisende der westlichen Person und das Spannungsverhältnis, in dem sie sich gegenüber der Natur behauptet, sind verantwortlich für die westliche Anfälligkeit für Dekadenz. Spannung führt zu Erschöpfung und Zusammenbruch, zu historischen »Spätphasen«, in denen der Sadomasochismus gedeiht. Wie ich zeigen werde, ist Dekadenz ein *Leiden des Blicks*, eine sexuelle Intensivierung des künstlerischen Voyeurismus.

Die apollinischen *Vergegenständlichungen* der westlichen Sexualität und Kunst erfahren im Kapitalismus ökonomische Verklärung. In den letzten fünfzehn Jahren sind marxistische Ansätze in der Beschäftigung mit Literatur zunehmend in Mode gekommen. Bewußtsein vom gesellschaftlichen Zusammenhang der Kunst scheint automatisch Linksorientierung einzuschließen. Aber möglich ist eine Theorie, die sowohl avantgardistisch als auch kapitalistisch ist. Der Marxismus gehörte zu den Nachfahren des Rousseauismus im neunzehnten Jahrhundert, die beflügelt waren vom Glauben an die Vervollkommnungsfähigkeit des Menschen. Sein Glaube, daß die ökonomischen Kräfte die Haupttriebfedern in der Geschichte sind, ist verkappte Naturromantik. Das heißt, der Marxismus sieht die materiellen Bedingungen des menschlichen Lebens von einer wellenförmig anschwellenden Bewegung durchzogen, während er die widernatürliche Dämonie dieser Bedingungen leugnet. Er ist die ödeste der von Angst diktierten Reaktionsbildungen gegen die Macht der chthonischen Mütter. Auf die moderne Geschichtsschreibung hat er einen übermäßigen Einfluß ausgeübt. Die These »Männer machen Geschichte« war nicht so naiv, wie behauptet wird; wir haben uns gerade erst von einem Weltkrieg erholt, in dem diese These eine bösartige Bewahrheitung erfahren hat. Ein einzelner Mann kann durchaus den Lauf der Geschichte ändern, zum Guten oder zum Bösen. Der Marxismus ist Flucht vor dem Zauber der Individualität und der geheimnisvollen Kraft des Hierarchischen. Er verzerrt den Charakter der westlichen Kultur, die im machtvollen Charisma der Person gründet. Der Marxismus kann nur in vorindustriellen Gesellschaften mit homogenen Bevölkerungen Erfolg haben. Man hebe den Lebensstandard, und der regenbogenfarbene Aufruhr des Individualismus bricht los. Individuelle Person und Kunst, die der Marxismus beide fürchtet und der Zensur unterwirft, gehen aus jedem Versuch, sie zu unterdrücken, gestärkt hervor.

Der Kapitalismus in all seiner Grellheit und Gier ist der westlichen Ästhetik seit dem alten Ägypten immanent. Es ist der Mystizismus und Glanz des *Gegenständlich-Dinglichen,* der die Person auf eigene Art prägt. Als ökonomisches System gehört er auf die darwinistische Seite von de Sade, nicht auf die von Rousseau. Das kapitalistische Überleben des Stärkeren findet sich bereits in der *Ilias.* Die westlichen Masken der Sexualität liegen Tag und Nacht miteinander im Streit. Homers schimmernde Krieger in bronzener Rüstung sind die apollinischen Konservenbüchsen, die sich in den hell erleuchteten Tempeln der Supermärkte türmen und im Fernsehen um unsere Aufmerksamkeit wetteifern. Der Westen verdinglicht Personen und verpersönlicht Dinge. Die wimmelnde Vielzahl kapitalistischer Waren stellt eine apollinische Korrektur des Naturzusammenhangs dar. Markennamen sind Kernzellen westlicher Identität mit Revieranspruch. Unsere chromglänzenden

Autos sind wie die Heerscharen von Lebensmittelpackungen und Konservenbüchsen Formen, die abgeleitet sind von dem westlichen, dem abweisenden, undurchdringlichen Individuum.

Die kapitalistischen Waren sind eine weitere Spielart der Kunstprodukte, von denen die westliche Kultur überquillt. Das tragbare gerahmte Gemälde tauchte in der Geburtsstunde des modernen Handels auf, zu Beginn der Renaissance. Kapitalismus und Kunst haben sich seitdem immer wieder gegenseitig herausgefordert und wechselseitig gefördert. Kapitalist und Künstler sind ganz ähnliche Typen: Der Künstler ist genauso amoralisch und habgierig wie der Kapitalist, er begegnet seinen Konkurrenten ebenso feindselig. Daß im Zeitalter kaufmännisch-patrizischen Reichtums Kunstwerke wie warme Semmeln gehandelt und verhökert wurden, stützt meine Überlegung, ist aber nicht von zentraler Bedeutung für sie. Die westliche Kultur wird von einem visionären Materialismus befeuert. Der apollinische Formalismus stiehlt von der Natur, um aus dem Geraubten eine phantastische Geschichte festumrissener, gleißender, aufdringlicher und eigenwilliger *Dinge* zu machen.

Das kapitalistische Verteilungssystem, eine komplizierte Kette von Fabrik, Transport, Großhandel und Einzelhandelsgeschäft, ist eine der größten männlichen Errungenschaften in der Kulturgeschichte. Es ist ein blitzschneller apollinischer Stromkreis männerbündischen Charakters. Zu den ärgerlichsten Erscheinungen des Feminismus gehört sein Abscheu gegen die »patriarchalische Gesellschaft«, an der kein gutes Haar gelassen wird. Aber es ist eben diese patriarchale Gesellschaft, die mich als Frau frei gemacht hat. Dem Kapitalismus verdanke ich die Muße, an diesem Schreibtisch zu sitzen und ein Buch zu schreiben. Lassen wir die kleinkarierte Kritik an den Männern und erkennen wir den Reichtum an, mit denen ihre fixe Idee unsere Kultur überschüttet hat.

Es ergäbe einen endlosen Katalog, die männlichen Leistungen aufzuzählen, angefangen von gepflasterten Straßen über fließendes Wasser und Waschmaschinen bis hin zu Brillen, Antibiotika und Papierwindeln. Wir können frische, keimfreie Milch- und Fleischprodukte sowie Gemüse und Südfrüchte genießen, die aus den Tropen in unsere verschneiten Städte gelangen. Jedesmal, wenn ich eine große Brücke überquere, denke ich: Die haben *Männer* gemacht. Bauen ist sublime männliche Poesie. Wenn ich einen riesigen Kran auf einem Tieflader vorbeifahren sehe, bleibe ich wie bei einer kirchlichen Prozession voll Ehrfurcht und heiliger Scheu stehen. Was für ein Höhenflug der Vorstellungskraft, welche Großartigkeit: Diese Krane verknüpfen uns mit dem alten Ägypten, wo zum ersten Mal monumentale Bauten erdacht und errichtet wurden. Wäre die Zivilisation den Frauen überlassen geblieben, wir lebten noch immer in Schilfhütten. Eine Frau kann sich heute, wenn sie sich einen Schutzhelm überstülpt, in ein von Männern erfundenes Vorstellungssystem einklinken. Kapitalismus ist eine Kunstform, eine mit der Natur konkurrierende apollinische Fabrikation. Es ist heuchlerisch, wenn Feministinnen und Intellektuelle über den Kapitalismus herziehen, während sie seine Freuden und Annehmlichkeiten genießen. Selbst Thoreaus Blockhütte am Walden Pond war ein Experiment, das nur zwei Jahre dauerte. Jeder, der in den Kapitalismus hineingeboren wird, gerät in seine Schuld. Gebt dem Kaiser, was des Kaisers ist.

Die heidnische Dialektik zwischen Apollinisch und Dionysisch riß alles mit sich, so umfassend und treffsicher verhielt sie sich zu Geist und Natur. Der christlichen Liebe fehlt dieser emotionale Gegensatz so sehr, daß man den Teufel erfinden mußte, um dem natürlichen Haß der Menschen und ihrer Feindseligkeit eine Zielscheibe zu schaffen. Die christianisierte Psychologie des Rousseauismus hat zu jener Düsterkeit und Depressivität geführt, zu der Verfechter von Fortschritt und Freiheit angesichts der politischen Spannungen, Kriege und Grausamkeiten, die ihre Überzeugungen täglich Lügen strafen, neigen. Je empfindsamer uns Lektüre und Bildung werden lassen, um so mehr müssen wir wohl vor den Tatsachen der chthonischen Natur die Augen verschließen. Aber an der unhaltbaren feministischen Trennung zwischen Geschlecht und Macht soll nicht gerüttelt werden. Wie der Haß vor dem Scheidungsgericht das düstere Antlitz unter der Maske der Liebe sichtbar werden läßt, so enthüllt sich das wahre Gesicht der Natur in Krisensituationen. Opfer von Wirbelstürmen reden instinktiv von den »entfesselten Naturgewalten« – wie oft bekommen wir diesen Ausdruck zu hören, während die Kamera uns benommene Überlebende vorführt, die durch zertrümmerte Häuser und Städte irren. Unbewußt weiß jeder, daß Jahwe nie die barbarischen Elemente unter seine Macht gebracht hat. Die Natur ist ein Pandämonium, ein Allerteufelstag.

Es gibt keine Unfälle; es gibt nur die Natur, die ihre Macht beweist. Sogar die Bombe setzt nur Energie frei, die von der Natur in sie gelegt ist. Ein Atomkrieg wäre nichts als ein Lichtfunken im majestätischen All. Die Natur kann auch nicht durch Radioaktivität »verändert« werden: die Natur absorbiert alles. Nach dem Atomkrieg sammelt die Natur die Karten auf, die wir haben fallen lassen, mischt sie und beginnt das Spiel neu. Die Natur spielt ein ewiges Solitär.

Liebe war für die Welt des Westens von Anfang an etwas Ambivalentes. Bereits bei Sappho (600 v. Chr.) oder noch früher, im Epos von der trojanischen Helena, registriert die Kunst das Hin und Her zwischen Attraktion und Feindseligkeit, das jene perverse Faszination auszeichnet, die wir Liebe nennen. Dank der Abgegrenztheit der westlichen Person gibt es im Westen einen Magnetis-

Anmerkungen

1 *The Anxiety of influence. A Theory of Poetry*, New York 1973, S. 94.
2 *Sexual Deviation*, Harmondsworth/Middlesex 1964, S. 63.
3 »The Analytic Conception of the Psycho-Neuroses« (1908), in: *Further Contributions to the Theory and Technique of Psycho-analysis*, hg. John Rickman, New York 1926, S. 25.
4 *Lord Byron's Marriage*. London 1957, S. 261.
5 »On the Genesis of the Castration Complex in Woman«, in: *International Journal of Psychoanalysis*, 5 (1924), S. 53.
6 *Beyond Formalism. Literary Essays 1958–1970*, New Haven 1970, S. 23.
7 *Atlantic Crossing*, London 1936, S. 111.
8 *Beiträge zur Psychologie des Liebeslebens. Das Tabu der Virginität*, Ges. W., Bd. XII, S. 168.
9 *Jenseits von Gut und Böse*, in: *Werke*, Bd. 2, München 1955, S. 693 (Aphorismus 229).

Am Anfang war nicht das Wort, sondern die Natur – damit beginnt Camille Paglias großartige Revision des westlichen Kulturbegriffs. Ihre provokanten Thesen eröffnen eine erregend neue Perspektive auf das Denken am Ende unseres Jahrtausends. Der Krieg der Geschlechter hat biologische Wurzeln: Pornographie, Sadismus, Voyeurismus entstammen der Natur des Menschen, die – von der christlich-jüdischen Morallehre verteufelt – letztlich nicht besiegt werden kann. Camille Paglia sorgt mit ihrem postmodernen Manifest für helle Aufregung, doch nur wer den Mut hat, anstößig zu sein, kann auch Anstöße geben.

Die Autorin

Camille Paglia, geboren 1947, lehrt Geisteswissenschaften am Philadelphia College of the Performing Arts.

dtv

Die Taschenbibliothek

Christa Wolf
Kein Ort. Nirgends · dtv 8321

C. G. Jung
Vom Wesen der Träume · dtv 8322

Italo Calvino
Der geteilte Visconte · dtv 8323

George Sand
Pauline · dtv 8324

Marlen Haushofer
Wir töten Stella · dtv 8325

Auf einen Atemzug. Haiku
dtv 8326

Peter Härtling
Die dreifache Maria · dtv 8327

Graham Greene
Heirate nie in Monte Carlo
dtv 8328

Herbert Rosendorfer
Die springenden Alleebäume
dtv 8329

Guy de Maupassant
Geschichte einer Magd · dtv 8330

Tessa de Loo
Schönheit, komm, der Tag ist halb vergangen · dtv 8331

Robert Louis Stevenson
Der seltsame Fall des Dr. Jekyll und Mr. Hyde · dtv 8332

Camille Paglia
Sexualität und Gewalt · dtv 8333

Konrad Lorenz
Hundstage · dtv 8334

Alexander Puschkin
Pique-Dame · dtv 8335

Penelope Lively
Die lange Nacht in Abu Simbel
dtv 8336

Aristoteles
Von der Seele · dtv 8337

Charles Bukowski
Ein teuflischer Weiberheld
dtv 8338

Theodor Storm
Immensee · dtv 8339

J. R. R. Tolkien
Tuor und seine Ankunft in Gondolin · dtv 8340